思想的・睿智的・獨見的

經典名著文庫

學術評議

丘為君　吳惠林　宋鎮照　林玉体　邱燮友
洪漢鼎　孫效智　秦夢群　高明士　高宣揚
張光宇　張炳陽　陳秀蓉　陳思賢　陳清秀
陳鼓應　曾永義　黃光國　黃光雄　黃昆輝
黃政傑　楊維哲　葉海煙　葉國良　廖達琪
劉滄龍　黎建球　盧美貴　薛化元　謝宗林
簡成熙　顏厥安（以姓氏筆畫排序）

策劃　楊榮川

五南圖書出版公司 印行

經典名著文庫

學術評議者簡介（依姓氏筆畫排序）

- 丘為君　美國俄亥俄州立大學歷史研究所博士
- 吳惠林　美國芝加哥大學經濟系訪問研究、臺灣大學經濟系博士
- 宋鎮照　美國佛羅里達大學社會學博士
- 林玉体　美國愛荷華大學哲學博士
- 邱燮友　國立臺灣師範大學國文研究所文學碩士
- 洪漢鼎　德國杜塞爾多夫大學榮譽博士
- 孫效智　德國慕尼黑哲學院哲學博士
- 秦夢群　美國麥迪遜威斯康辛大學博士
- 高明士　日本東京大學歷史學博士
- 高宣揚　巴黎第一大學哲學系博士
- 張光宇　美國加州大學柏克萊校區語言學博士
- 張炳陽　國立臺灣大學哲學研究所博士
- 陳秀蓉　國立臺灣大學理學院心理學研究所臨床心理學組博士
- 陳思賢　美國約翰霍普金斯大學政治學博士
- 陳清秀　美國喬治城大學訪問研究、臺灣大學法學博士
- 陳鼓應　國立臺灣大學哲學研究所
- 曾永義　國家文學博士、中央研究院院士
- 黃光國　美國夏威夷大學社會心理學博士
- 黃光雄　國家教育學博士
- 黃昆輝　美國北科羅拉多州立大學博士
- 黃政傑　美國麥迪遜威斯康辛大學博士
- 楊維哲　美國普林斯頓大學數學博士
- 葉海煙　私立輔仁大學哲學研究所博士
- 葉國良　國立臺灣大學中文所博士
- 廖達琪　美國密西根大學政治學博士
- 劉滄龍　德國柏林洪堡大學哲學博士
- 黎建球　私立輔仁大學哲學研究所博士
- 盧美貴　國立臺灣師範大學教育學博士
- 薛化元　國立臺灣大學歷史學系博士
- 謝宗林　美國聖路易華盛頓大學經濟研究所博士候選人
- 簡成熙　國立高雄師範大學教育研究所博士
- 顏厥安　德國慕尼黑大學法學博士

經典名著文庫054

道德原則研究

An Enquiry Concerning the Principles of Morals

休　謨 著
(David Hume)
曾曉平 譯

經典永恆・名著常在

五十週年的獻禮・「經典名著文庫」出版緣起

總策劃 楊榮川

閱讀好書就像與過去幾世紀的諸多傑出人物交談一樣——笛卡兒

五南，五十年了。半個世紀，人生旅程的一大半，我們走過來了。不敢說有多大成就，至少沒有凋零。

五南忝爲學術出版的一員，在大專教材、學術專著、知識讀本出版已逾壹萬參仟種之後，面對著當今圖書界媚俗的追逐、淺碟化的內容以及碎片化的資訊圖景當中，我們思索著：邁向百年的未來歷程裡，我們能爲知識界、文化學術界做些什麼？在速食文化的生態下，有什麼值得讓人雋永品味的？

歷代經典・當今名著，經過時間的洗禮，千錘百鍊，流傳至今，光芒耀人；不僅使我們能領悟前人的智慧，同時也增深加廣我們思考的深度與視野。十九世紀唯意志論開創者叔本華，在其〈論閱讀和書籍〉文中指出：「對任何時代所謂的暢銷書要持謹慎的態度。」他覺得讀書應該精挑細選，把時間用來閱讀那些「古今中外的偉大人物的著作」，閱讀那些「站在人類之巔的著作及享受不朽聲譽的人們的作品」。閱讀就要「讀原著」，是他的體悟。他甚至認爲，閱讀經典原著，勝過於親炙教誨。他說：

「一個人的著作是這個人的思想菁華。所以，儘管一個人具有偉大的思想能力，但閱讀這個人的著作總會比與這個人的交往獲得更多的內容。就最重要的方面而言，閱讀這些著作的確可以取代，甚至遠遠超過與這個人的近身交往。」

爲什麼？原因正在於這些著作正是他思想的完整呈現，是他所有的思考、研究和學習的結果；而與這個人的交往卻是片斷的、支離的、隨機的。何況，想與之交談，如今時空，只能徒呼負負，空留神往而已。

三十歲就當芝加哥大學校長、四十六歲榮任名譽校長的赫欽斯（Robert M. Hutchins, 1899-1977），是力倡人文教育的大師。「教育要教眞理」，是其名言，強調「經典就是人文教育最佳的方式」。他認爲：

「西方學術思想傳遞下來的永恆學識，即那些不因時代變遷而有所減損其價值的古代經典及現代名著，乃是眞正的文化菁華所在。」

這些經典在一定程度上代表西方文明發展的軌跡，故而他爲大學擬訂了從柏拉圖的《理想國》，以至愛因斯坦的《相對論》，構成著名的「大百本經典名著課程」。成爲大學通識教育課程的典範。

歷代經典．當今名著，超越了時空，價值永恆。五南跟業界一樣，過去已偶有引進，但都未系統化的完整舖陳。我們決心投入巨資，有計劃的系統梳選，成立「經典名著文庫」，希望收入古今中外思想性的、充滿睿智與獨見的經典、名著，包括：

- 歷經千百年的時間洗禮，依然耀明的著作。遠溯二千三百年前，亞里斯多德的《尼各馬科倫理學》、柏拉圖的《理想國》，還有奧古斯丁的《懺悔錄》。
- 聲震寰宇、澤流遐裔的著作。西方哲學不用說，東方哲學中，我國的孔孟、老莊哲學，古印度毗耶娑（Vyāsa）的《薄伽梵歌》、日本鈴木大拙的《禪與心理分析》，都不缺漏。
- 成就一家之言，獨領風騷之名著。諸如伽森狄（Pierre Gassendi）與笛卡兒論戰的《對笛卡兒沉思錄的詰難》、達爾文（Darwin）的《物種起源》、米塞斯（Mises）的《人的行爲》，以至當今印度獲得諾貝爾經濟學獎阿馬蒂亞・森（Amartya Sen）的《貧困與饑荒》，及法國當代的哲學家及漢學家朱利安（François Jullien）的《功效論》。

梳選的書目已超過七百種，初期計劃首爲三百種。先從思想性的經典開始，漸次及於專業性的論著。「江山代有才人出，各領風騷數百年」，這是一項理想性的、永續性的巨大出版工程。不在意讀者的眾寡，只考慮它的學術價值，力求完整展現先哲思想的軌跡。雖然不符合商業經營模式的考量，但只要能爲知識界開啓一片智慧之窗，營造一座百花綻放的世界文明公園，任君遨遊、取菁吸蜜、嘉惠學子，於願足矣！

最後，要感謝學界的支持與熱心參與。擔任「學術評議」的專家，義務的提供建言；各書「導讀」的撰寫者，不計代價地導引讀者進入堂奧；而著譯者日以繼夜，伏案疾書，更是辛苦，感謝你們。也期待熱心文化傳承的智者參與耕耘，共同經營這座「世界文明公園」。如能得到廣大讀者的共鳴與滋潤，那麼經典永恆，名著常在。就不是夢想了！

二〇一七年八月一日　於

五南圖書出版公司

譯者導言

近代自然科學方法廣泛深入的運用產生了牛頓體系，牛頓理論透過揭示物理存在物的本性及其規律（physical necessity），根據少數幾條一般原理極其普遍、似乎毫無例外地說明了各種複雜的物理現象，給予物理存在物的運動和變化完整而普遍的解釋，像光一樣照亮了整個自然（physical）世界；但是在精神（moral）領域，在人類推理和行動的範圍內，人類本性及其規律卻仍隱藏在黑暗中，未被清楚地揭示。這種狀況激勵著休謨，他試圖像牛頓一樣，透過運用自然科學的實驗推理方法，揭示道德存在物的本性及其規律（moral necessity），提出一個用以說明整個人類精神領域的普遍而完整的科學體系，使精神領域像自然世界一樣透澈澄明。

休謨努力的結果便是作爲其「人學」（science of man）體系的表述的《人性論》（*A Treatise of Human Nature*）的完成；可是《人性論》的出版並沒有收到他預期的效果，人們沒有像歡呼牛頓體系那樣歡呼他的「人學」體系的誕生，沒有像盛讚力學規律那樣讚譽他所揭示的道德必然性——「習慣」規律；[1]然而，休謨自信，原因不在於自己的思想本身，而在於其表述不適合人們的理解和接受。因此，他將《人性論》的主要內容先後改寫並重新出版，終於引起人們的關注和回響。

作爲《人性論》第三卷「論道德」的改寫，《道德原則研究》（以下簡稱爲《研究》）大體保留了原書的基本問題和結論，但在思想觀點和文字表達上都有了重大改進；休謨自稱這是自己「所有不論歷史的、哲學的、或文學的著作中無與倫比地最優秀的著作」[2]，這不僅是就其文字的簡約練達和筆調的優美典雅而言，[3]而也是就其思想的系統連貫和分析論證的精緻嚴密而言。通觀全書，我們能夠看出，它比「論道德」在問題上更深入，在思想上更穩健和成熟，在論證上更簡潔而嚴密，在整體結構安排上也更細膩，在某種程度上，它明顯體現出休謨力圖將其道德思想嚴密體系化的意圖。

《人性論》「論道德」的思想理路

休謨對人類本性的探討以其全新的完整的「人學」體系爲指標，其出發點是經驗主義（empiricism）。以經驗主義爲基本立場，他將一切對象都限制在人們的經驗的範圍內，變成超不出主體自身知覺的東西，即一大堆沒有內在關聯的印象和觀念。人類本性，就其作爲人學的對象而論，並沒有什麼確定不移的本質，也沒有什麼歷久不移的屬性，而只是一些印象和觀念的複合物。因此，對人類本性的探討主要是對印象（單純作爲反省印象，而不包括感官印象，後者是解剖學和自然科學的對象、而不是精神科學的對象）[4]和觀念的探討，或者說是對激情和理性或知性的探討（因爲激情、理性和知性不是一種具有自身同一性的「官能」或「能力」，而是作爲不同知覺的印象和觀念本身）；人類本性只包含知性（或理性）和激情兩大部分。

休謨對人類本性的這種劃分偏離於柏拉圖以來關於人類本性以「知—情—意」爲三元結構的傳統，決定了其人學理論的基本構架。按照人類本性的這種二元結構，「人學」作爲以人類本性爲對象的科學在理論構架上，只應當包含「論知性」和「論激情」兩個部分，前者構成認識論，後者構成心理學，而不應當包含傳統上屬於「論意志」的道德學。在《人性論》中，休謨內在隱含地遵循了這一理論構架，以「論知性」說明人的認識，以「論激情」說明人的道德和批評等，沒有另外提出與「論知性」和「論激情」相對應的第三個獨立的部分——即「論意志」，而將「意志」的探討與「直接的激情」一起隸屬於「論激情」中。因此在那裡，「人學」最終只包含認識論的懷疑主義和心理學的情感主義，其中懷疑主義認識論是基礎，情感主義心理學是歸宿。就休謨對人類本性的探討，不過是以經驗主義爲立場的純粹思辨而論，可以說他的「人學」是一個比較精緻的思辨體系，在理論上是自足的。

但是在《人性論》中，休謨對其人學的論述並沒有局限於這個理論構架。遵循哲學劃分爲理論哲學和實踐哲學的傳統，出於「道德是一個比其他一切主題更令我們感興趣的主題」⑤的動機，休謨在這個理論構架的兩部分之外又增加了一卷「論道德（Of Morals）」

（不是「論意志」），直接切入人們的道德實踐。但是「論道德」並非像一些道德學家那樣旨在爲人們提供一套實用的世俗道德準則，而是力圖將人學的思辨理論貫徹到實踐領域，解釋和說明人的現實的道德實踐活動，「鞏固」或「確證（corroborate）」[6]人學的思辨理論。因此，在《人性論》中，道德學是與認識論和心理學一脈相通的；道德學的任務就是在認識論的懷疑主義立場上，[7]說明情感主義心理學中已經顯露出來而尚未給予充分說明的「道德如何能決定於情感？如何能完全納入心理學？」的問題，這些問題在「論道德」中具體化爲「道德區別如何起源於情感？」的問題。的確，對休謨說來，這是一個於其思辨人學至關重要的問題，只有解決這個問題，其心理學的情感主義才能得到鞏固，其認識論的懷疑主義才能保持一貫，其整個思辨的人學才能不失於玄奧而爲一般讀者所理解。對於這個問題，休謨在「論道德」中按照一條較爲清晰和嚴密的推演思路給予了分析和說明。

首先，休謨在「德性和惡行總論」（第一章）中深入分析和闡明了道德不是理性的對象、而是激情和情感的對象。在他看來，道德或道德性問題歸根到底是道德的善和惡、德性和惡行的區別問題。這種道德區別不是導源於理性或知性；因爲，理性和知性的作用是發現眞或僞，而眞或僞在於是否一致於觀念的實在關係或事實的實在實存，因此理性和知性的作用是判斷事實和關係，而任何性格或行爲的善和惡、任何人的德性和惡行都既不在於事實、也不在於關係，任何事實或關係自身亦既無所謂善、也無所謂惡，既無所謂德性、也無所謂惡行。因此，道德區別不可能導源於理性，只能導源於情感。同樣地，道德性亦即善和惡、德性和惡行就不是作爲事實或關係的對象的任何性質，而是主體自身基於快樂和不快的感受而產生的那種知覺，這種知覺是主體受刺激而自生的，類似於洛克所說的「第二性的性質」。⑧

於是問題就變成，這種區別道德的善和惡、德性和惡行的快樂或不快的感受是如何發生的？爲了解決這個問題，休謨把道德性或道德的善和惡、德性和惡行區分爲兩類，即透過人爲設計而建立的和透過自然情感而產生的，力圖從這兩類德性的產生方式中尋找快樂和不快的感受得以發生的源泉和原則。不過在他看來，「透過人爲設計」並不意味著是「超自然的」或「非自然的」、而也是適合於人類社會存在和發展的需要的，「透過自然情感」也並不意味著在人心中有其先天的起源、而也是後天形成的。

對於透過人爲設計而建立的道德性即善或德性，休謨提出了正義、忠誠、忠實、端莊和貞潔等（第二章）。休謨認爲，正義產生於人類的必需，這種必需在於兩個方面。一是人們的自然需要的無限與滿足這種需要的手段的薄弱，以及外界物質條件的不夠豐富之間的巨大差距，它導致人們的自然性情的自私性，並使這種自私性遠遠超出人們的有限的慷慨之情；⑨二是人們希望和平保持自己的占有物的要求與人們的占有物容易轉移之間的矛盾，它使得人類生活處於極度的不穩定中。⑩這兩個方面結合起來，就對人類的生存和發展構成不利和威脅。而要克服這兩個方面的不利，人們不能訴諸自己的未受教化的道德觀念，亦即自愛或自我利益，它們只會加劇這兩方面的不利；⑪而只能在判斷力和知性的協助下透過

「約定」來完成，即，人為地建立一種「一般的共同利益的感覺」。⑫借助於這種共同利益的感覺，他們形成一定的標準和規範，區別出什麼是正義或不正義，從而形成一定的道德區別。因此，正義作為德性，其根源完全在於維護社會的和平和秩序、促進人類的生存和發展這種需要和目的。在這個意義上，正義之得以確立，純粹在於其「公共的效用」，意即「公共的效用」是人們透過人為設計而確立正義和不正義的區別的直接本源。但是從更深一層意義來看，亦即從前面兩個方面的必需性來看，正義的原始動機則是人們的自私性或自我利益，⑬或者寧可說是人們的自私性與現實的有限財富之間的緊張關係。根據從正義德性中所揭示的「自私性」和「公共的效用」的原則，休謨進一步分析了忠誠、忠實、端莊和貞潔等其他人為德性，從社會的不同層次或意義上闡明了人為德性的本源和原則。

透過人為設計而建立的德性，是針對各種不同形式的社會而言的，它們必須表現為一般的行為體系或體制，必須透過社會全體成員人人遵奉才能發生效力，而且受益者是社會整體。反之，透過自然情感而確立的德性（第三章）則是針對個人而言的，它們是特定的行動的規範，是某種自然情感的對象。⑭在休謨看來，自然德性和人為德性之所以在確立方式上有差異，其原因是後者以公共的和社會的有用性為標準、而前者以私人的有用性和愉快性為標準，即前者直接基於個人的快樂和不快的感受，以對自己有用、令自己愉快為根源。因此，他提出，快樂和不快的感受得以發生的本源和原則就是對社會有用、對個人有用、令他人愉快和令自己愉快這四者。⑮自然德性，即那些主要對個人有用或令自己愉快的特質、性格和才能等，一方面像對公共和社會有用的那些性格和行動那樣，是透過同情原則，另一方面是直接透過比較原則而被規定爲德性的。在他看來，屬於這類德性的有偉大而豪邁的心靈特質、仁慈和仁愛的心理情感以及各式各樣的自然才能，因而，他從這幾個方面對這類德性進行了具體的分析和闡述。這些德性，我們可以看出，實際上包含了西方歷史不同時期人們所崇尚的各種不同的主導觀念，即，古希臘的「英雄」德性、中世紀的「愛」的道德和近代文藝復興以來的「人」的觀念。透過上述所有這些分析和論述，休謨就解決了快樂和不快的感受得以發生的本源和原則問題，證明了道德區別不可能是理性的產物，而只能是情感的產物，補充和確證了其人學的思辨理論。

《道德原則研究》的思想理路

《研究》與「論道德」一樣，也是以認識論懷疑主義和心理學情感主義爲前提和基礎的；不同的是，前者不單純爲了「鞏固」或「確證」人學的思辨理論，而且力圖把後者中作爲問題的解答而提出的四個本源和原則，透過更深入細緻的分析和闡述加以證明，消除其中所隱含的一些相抵觸或不成熟之處，建構一個相對完整的道德體系。因此，在《研究》中，休謨把「論道德」的任務向前推進一步，由「道德的一般基礎」而進至「道德的眞正起源」，「論道德」中所著重闡述的「道德區別是導源於理性、還是導源於情感」的問題被轉化成「理性和情感各自在道德決定中起多大作用」的問題，而作爲相關附屬問題放在附錄中加以考察，⑯正文的主要任務則是解決道德本身得以成立的原則或根據，尋找並證明道德本身的眞正起源。⑰儘管在《研究》中對前一個問題的論述與「論道德」沒有實質性的差異，只是表達更集中和更明確，對後一個問題的提出和說明卻將「論道德」中作爲問題的解答而提出卻並未給予充分證明的東西作爲道德探究的核心問題凸顯出來，不僅實現了道德研究重心的轉移，而且深化了「論道德」的觀點和研究。

基於此，《研究》與「論道德」在對象、方法和結構上就表現出重大的差異。《研究》著重的不是道德區別的起源及其方式問題，而是道德本身得以成立的原則和道德價值的構成問題，這個問題主要不在於確立人類本性中占支配地位的是仁愛（性善）還是自愛（性惡）、在道德規定中起支配作用的是理性還是情感，而在於弄清個人價值是由什麼複合而成，人們的特質、性格和行動何以受到敬重、好感、稱讚和頌揚或憎恨、輕蔑、譴責和諷刺。在方法上，《研究》不是從一般到具體、將蘊涵於前提中的結論展開論述，即不是從「人學」的思辨原則推導出道德區別的起源，然後根據這種起源（快樂和不快的感受）來說明各種德性的本源和原則，而是從具體到一般、透過對單個事例的分析和歸納而逐步得出結論，即更澈底地運用實驗推理方法，透過語言分析、歸納推理和比較而對日常道德進行分析，揭示和論證道德的眞正起源和原則。在結構上，《研究》不是簡潔地劃分爲道德的一般理論（「德性和惡行總論」）和各種德性的具體闡述（「人爲德性」和「自然德性」）兩大部分，而是按照德性得以成立的方式，而劃分爲各種類型的德性的分析和結論等諸多部分，章與章之間表面看來紛繁雜亂而缺乏內在連貫性，實則隱藏著一條有目的的精心設計的思路。

貫穿這條思路的則是前述四個本源和原則及其次一級劃分。在簡要勾勒探究的背景和問題（第一章）之後，休謨便根據這四個本源和原則對道德進行系統的分析和論證。首先，針對「對他人或社會有用的特質」的分析分支爲三個子題：社會性的自然情感、社會性的人爲設計，和這兩類社會性的德性得以確立的方式或途徑。社會性的自然情感以仁愛爲總稱（第二章）。休謨認爲，仁愛分爲特定的仁愛和一般的仁愛；特定的仁愛是對親人的血緣親情等，一般的仁愛是對與己無關的其他人類的廣博的胸懷和慈善的心腸。作爲一種自然之情，一般的仁愛所以成爲社會性的德性、構成個人價值之一部分，在很大程度上決定於其利他的傾向，即促進人類利益和造福人類社會的趨向，亦即對公共的有用性或「公共的效用」。[18]社會性的人爲設計包括正義、忠誠、忠實、端莊、貞潔等，它們也因自身的公共的效用而成爲德性。正義（第三章）作爲一種人爲設計，完全是爲了適應人們交往的便利和生存的必需而確立的，其根源正如「論道德」中所分析的那樣，在於外在條件和人類本性兩個方面的本源的「中間性」，即外界條件的既不極端缺乏又不極端豐足，和人類本性的既不極端自私又不極端仁愛，因爲這兩個方面的任何一種極端都取消正義得以產生的可能性，[19]因此它以劃分、規範和調節個人與個人之間的所有權爲對象；但正義作爲德性，其自身並不是一種在人之外或之上的實存的制度或規章，也不是對人作出的、與己無關的道德評判，而是一種直接建立在個人內心中的對制度性的正當規則的「感覺」。作爲人爲設計，正義著眼於調整個人與個人之間的所有權關係，而個人與社會之間的和諧和秩序則依賴於忠誠、忠實、端莊、貞潔等（第四章）。這些人爲設計是適應社會的不同形式，例如政治社會、社交圈、家庭社會等等而建立的，它們表現著忠於政府、忠於朋友、忠於婚姻等等；這些人爲設計直接導源於它們對各自所服務的社會有用性的趨向，它們的道義責任與它們的有用性的大小成正比。[20]上面這些社會性的德性，不論是自然情感還是人爲設計，[21]其確立都是借助於「同情」（第五章）。同情是人心天生具有的一種情感，其本質是一種與他人的同胞感（fellow-feeling with others），[22]或者寧可說是作爲我們本性的「人性」或「人道」（humanity）；[23]它把社會性的自然情感和人爲設計的有用性或公共效用，與每一個人的快樂和不快的感受相聯繫而引發出快樂或不快的情感，由此而使它們獲得作爲社會性的德性的價值，並使個人與個人之間、個人與社會之間達到溝通、和諧和秩序具有一個可靠的基礎。

上述針對「對他人或社會有用的特質」的分析是透過「公共的效用」而以一種肯定的方式揭示了道德的起源和一部分個人價值的構成。反之，對「對自己有用的特質」的分析（第六章）則是透過「私人的效用」而以一種否定的方式來說明道德的起源和一部分個人價值的構成。對個人有用的特質分爲三種類型：一是個人的心靈特質，例如審愼和智慧等；二是個人的性格特徵，例如勇敢、謹愼、勤奮和節儉等；三是個人的外在，例如美貌、財富和權力等。休謨認爲，對自己有用的特質與社會性的德性不同，它們之構成道德價值，主要不是因爲它們自身直接具備有用性的趨向而是因爲同情，即主要不是因爲自愛、而是因爲人道或仁愛。這些特質，就它們的直接趨向來看是有用於擁有者自己，就此而論它們作爲德性似乎應當是根據於自愛。但實際上，這不過是表面現象；我們根據反思可以發現，如果按照自愛原則，這些特質並不必然激起旁觀者的同情和快樂、並博得他們的好感和讚許，反而可能令他們更感到痛苦或漠然、並引起他們的反感和責難，相反，如果按照仁愛原則，對自己有用的東西，他人也將感到快樂，進而博得他們的好感和讚許，對自己有害的東西，他人也將感到痛苦或不快，進而引起他們的反感和責難。[24]因此，這些特質作爲德性，不可能是根據於「對自己有用」這一趨向，只能是根據於「令他人快樂」這個因素，因而它們的基礎或根據不可能是自愛，只能是人道或仁愛與同情。這就從反面、以否定方式達到了社會性的德性，從正面和以肯定方式在道德起源問題上所達到的同一個結論，兩者只是側重不同而已。

如果說前兩個方面基於特質或性格的有用性或效用的趨向，從主體知覺中對對象的外在觀察上說明了這些德性的起源並追溯出道德的一部分本源，那麼，「令人愉快的」特質或性格則從主體自身的內在感受上，說明了另一些德性的起源並追溯出道德的另一部分本源。令人愉快的特質包括兩個方面：直接令自己愉快的特質和直接令他人愉快的特質。直接令自己愉快的特質（第七章）又分爲崇高的對象和溫柔的對象，前者有：心靈的偉大、性格的高貴、驕傲和氣概、崇高、勇敢、哲學的寧靜和淡泊等等，後者有：仁愛、友誼、愛情、鑒賞力等等；直接令他人愉快的特質（第八章）則主要有：良好風範、禮貌、機智、雄辯、健全理智、謙遜、風度等等。在休謨看來，所有這些令人愉快的特質，不論是令自己愉快或是令他人愉快，都不像有用的特質或行動那樣需要透過觀察、並借助於反思才間接地使人快樂，而是透過感受性或趣味而直接地使人在內心感到快樂；因此，它們事實上比有用的特質或行動距離德性更近。在這種意義上，休謨說：「德性的本性也可以說德性的定義就是『心靈的一種令每一個考慮或靜觀它的人感到愉快或稱許的特質。』」[25]不過，這些令人愉快的特質與有用的特質或行動一樣，也是借著同一種同情，即與他人的同胞感或人道才被推崇爲德性的。

經過運用實驗推理方法對各種性格、特質和行動作出上述細緻分析之後，休謨就達到了整個道德探究的結論（第九章），澄清了道德的眞正起源。那就是：道德的眞正起源是對他人有用、對自己有用、直接令他人愉快和直接令自己愉快這四個本源；個人價值完全在於擁有這些、或者有用於、或者愉快於個人或他人的特質、性格或才能；[26]這四個本源得以發生作用的原則不是自愛、而是人道或仁愛，而且毫不依賴於其程度。在休謨看來，這些結論是如此自然，彷彿像太陽投下陰影和水面映出倒影一樣，然而它們卻一直未能爲人們所接受，主要原因在於各種道德理論和體系把人們的自然知性引入了歧途。因此，他要求人們在道德理論上摒棄已經墮入歧途的自然知性，重新訴諸共通的感官（common sense）或健全的理智（good sense），還給道德和德性自然的面目，並將一切不是出自這些本源和原則的德性全都拒斥在德性的項目之外，因爲德性的唯一目的是使人幸福和快樂，㉗在於讓廣博的人道或仁愛融化褊狹的自私而使人類社會達到和平、秩序和幸福。㉘

由此我們可以看出，休謨著意於統一哲學與常識、思辨的道德體系與日常道德，他的這種探究所達到的結論與其《人性論》中所包含的思辨人學的基本精神相一致，是實驗推理方法在精神科學的實踐部分中得到更澈底和更系統運用的結果，而道德性仍不超出作爲「第二性的性質」的知覺範圍。在這種意義上，他的這些思想就明顯地與同時代的其他情感主義或感覺主義的道德體系或理論不同，並分別構成後來的功利主義（就其強調「有用性」和「效用」、尤其是「公共的效用」而論）和形式主義動機論（就其所強調的「效用」只是作爲「趨向」、而非作爲「後果」而論）倫理學的深刻的理論動機。

《道德原則研究》對「論道德」的重要發展

上面大致勾勒了「論道德」和《研究》的思想理路，指出了兩者在任務、問題、方法、結構和論述上的一些差異，下面我們就簡要說明這些差異所展現的一些觀點上的發展。

《研究》對「論道德」的最重要的發展可以說是第一次自覺提出，並著重闡述了「個人價值」（personal merit）問題。在「論道德」中，休謨多處提到性格或行動的「價值」，甚至幾次提到個人（person）的「價值」，但沒有提出「個人價值」問題，更缺乏對此問題的深入的討論；但在《研究》中，他則不僅將它作爲一個「問題」明確地提出來，而且作爲全書的核心問題之一自始至終予以探討。這意味著在《研究》中休謨並不滿足於將思辨的人學運用於實踐領域來「鞏固」或「確證」其基本思想和原則，不滿足於圍繞道德區別而揭示道德感受（快樂和不快的感受）得以發揮作用的本源和原則，而是試圖在對這些原則進行分析和證明的同時，透過闡明個人價值的構成，而從理論上解決個人與個人、個人與社會之間在利益和幸福上的關係，從而揭示精神科學的實踐部分自身的特徵或特性。當然，應當指出，「價值」這個概念在這裡無論從心理的、道德的或政治的意義來看，都還沒有超出主觀評判的範圍，始終只是一種主觀情感，而不是一種客觀價值（value）。

《研究》對「論道德」的第二個重要的發展，是在道德動機問題上以「仁愛論」取代了「自愛論」。在「論道德」中，休謨基於人的生存需要與外界物質條件之間不可克服的矛盾的假設，從人類「自愛」和「仁愛」的本性中選取「自愛」（自私性）作爲道德的原始動機，並某種程度誇大「自愛」的強度和力量；在《研究》中，他一方面較偏重於強調外界物質條件和人的自然性情的中間性，另一方面努力從道德概念來說明道德自身得以建立的根據，從而以仁愛論揚棄自愛論，主張「人道」是道德的原始動機或原則。在他看來，「道德這一概念蘊涵著某種爲全人類所共通的情感，這種情感將與一個對象推薦給一般的讚許，使人人或大多數人都贊同關於它的同一個意見或決定。這一概念還蘊涵著某種情感，這種情感是如此普遍、如此具有綜括力，以至於可以擴展至全人類，甚至使最遙遠的人們的行動和舉止按照它們是否一致於那條既定的正當規則而成爲讚美或責難的對象。這兩個不可或缺的因素惟獨屬於我們這裡所堅持的人道的情感。」[29]

第三，《研究》在道德情感的發生方式上揚棄了「論道德」中的比較原則。在「論道德」中，「同情」和「比較」[30]構成道德情感得以發生的兩種方式，前者主要涉及社會性和共通性的情感，後者涉及個人性和私人性的情感，兩者共同以快樂和不快的感受爲基礎、以自愛爲深層動機而活動；在《研究》中，由於休謨將立足點從個人移向個人與個人之間、個人與社會之間的關係，在道德動機上從自愛論轉向仁愛論，「比較」就失去其原有的地位和作用，基於此，「同情」則變成人們道德情感主要的、甚至唯一的發生方式。

第四，休謨對宗教採取了更加鮮明和嚴厲的批判態度。在「論道德」中，休謨在理論上透過否定意志能力、否定意志自由，使道德變成單純激情的活動，使道德學與以意志爲基礎、由獎懲制裁力所維護的神學有所區別，從而委婉地批判了宗教神學；[31]在《研究》中，休謨堅持「論道德」中的這一理論立場，並以道德的四個本源和原則爲根據，對僧侶道德進行了澈底的批判。在他看來，那一整套僧侶式的德性都「並不有助於任何一種目的，既不提高一個人在俗世的命運，也未使他成爲社會中更有價值的一員；既未使他獲得社交娛樂的資格，也不爲他增添自娛的力量」，反而「取消所有這些值得欲求的目的，麻痺知性且硬化心腸、蒙蔽想像力且使性情乖張」，因此它們不能被當作德性，只能歸於惡行的項目中。㉜他的這種批判爲後來《宗教的自然史》和《自然宗教對話錄》中對宗教的深刻批判奠定了基礎。

幾點評論

「論道德」和《研究》是休謨從兩個不同的角度將自然科學的實驗推理方法運用於精神科學的實踐方面的結果。兩者都試圖解決道德的性質、起源和原則等基本問題，揭示人類道德實踐的「規律性」，補充和確證思辨的人學。但是，兩者在方法與目的之間都存在同一個尖銳的矛盾：實驗推理方法貫徹到底的結果是認識論的懷疑主義，它懷疑或否定任何科學得以建立的可能性，而兩者恰恰旨在以一種關於道德實踐的新理論補充和確證一門關於人類本性的「新」「科學」。爲了解決這個矛盾，休謨在兩者中都隱祕地比照牛頓體系預設了幾個不可懷疑的假設，即人性、同情和趨樂避苦的本能：物理存在物的運動和變化以力的作用爲動因，道德存在物的激情活動就有「快樂和不快的感受」爲動因；自然領域以萬有引力定律爲萬物普遍聯繫和和諧的根據，精神領域就有以人性爲基礎的「同情」作爲人心之間相互溝通以及整個社會達到和平和秩序的根據。撇開這幾個假設，休謨的道德思想乃至其整個思辨人學都將很難得到充分的理解。

在這兩部書中，休謨所假設的「人性」和「理性」其實具有相當大的限制性，而不是眞正普遍的；「人性」不是所有人的本性，「理性」也不是一切人的日常理性。在他那裡，人實際上被分成兩類：一類是粗俗無知的大眾，包括粗鄙而迷信的世俗百姓和狂信而專斷的僧侶階層；另一類是少數天才人物、哲學英雄和博學之士，他們是啓蒙的精英，只有他們才擁有正確知曉道德特質的趨向的理性，才擁有細膩感受各種道德情感的精緻趣味。因此，在他那裡，眞正的道德主體不是大眾而是精英，眞正的道德標準不是先天的普遍的人性，而是精英的特定的趣味；大眾是啓蒙教化的對象，精英承擔啓蒙教化的使命，他們的任務是讓大眾感受德性的魅力和社會的好處、使他們自願在道德上擔負起對社會的義務。㉝在這種意義上，休謨的道德學完全是啓蒙運動的產物，推崇的是資產階級啓蒙精英的理想人格，只是其中啓蒙的主要目標不是作爲認識能力的心智，而是作爲感受能力的情感和趣味。

休謨的道德思想從「論道德」到《研究》的發展在某種程度上反映了當時社會現實狀況的急驟變化。十八世紀上半葉正是資本主義原始積累基本完成並逐漸走向穩步發展的時期，土地和資源已經掠奪和分割完畢，資產階級開始轉而力圖保持既成的占有，迫切期望在法律制度和道德觀念上確立保障和維護既成占有的根據，也就是，建立維護資產階級既得利益的意識形態。休謨的某些道德思想正是適應社會現實的這種變化而發展的。休謨最初堅持道德起源的自私論，實際上是變相接受了資本原始積累時期霍布斯（Thomas Hobbes）等人自私論道德學說的基本觀點，其中主要社會性德性「正義」雖然構成所有權、權利和義務等觀念的基礎，但並未以所有權和占有爲對象，它和所有權是基於同一個起源的兩個不同的東西；[34]後來休謨轉向仁愛論的道德起源論，並明確提出正義的對象即所有權，[35]正義德性的任務就是透過財產劃分和規範來穩定占有、維護社會的和平和秩序，[36]正是適應著現實發展的這種要求。這說明休謨的道德學雖然以思辨的人學爲基礎，但其內容仍然植根於社會現實及其發展的需要中。

【注釋】

① 在這裡，「規律」和「必然性」這些概念是在休謨體系之外的意義上使用的；「道德必然性」是指與牛頓體系中的物理必然性相對應、表示人類精神領域裡的規律性或規則性的東西。按照休謨的說法，「道德必然性」和「物理必然性」之分是無稽之談（《人性論》，關文運譯、鄭之驤校，商務印書館一九八〇年版，第一七一頁），「必然性」和「規律」這些概念都是人類認識能力按照實驗推理方法無法達到的。但是，休謨自己運用實驗推理方法探討人類本性、力圖建立一門「全新且完整的科學體系」，這個意圖本身說明他自己最初並沒有拋棄這些概念，只不過他的努力後來導致了否定性的結論，使他不得不訴諸「習慣」。而「習慣」就其實質而言仍是一種「必然性」，亦即一種不同於「客觀必然性」的「主觀必然性」，正如後來康德所稱之的那樣（《未來形而上學導論》，龐景仁譯，商務印書館一九七八年版，第六頁）。

② 《人類理解研究》，關文運譯，商務印書館一九五七年版，第四頁。

③ 《休謨哲學著作集》一八七四－一八七五年版的編者之一 T. H. Grose 認爲休謨是「一位哲學英語大師」，L.

A. Selby Bigge 認爲《道德原則研究》即是對這一評價的一個極其成功的證明。見 Selby Bigge 編《人類知性研究和道德原則研究》，Oxford：Clarendon，一九〇二年版，第二十二頁。

④《人性論》，第八頁。

⑤《人性論》，第四五五、四五七頁。這裡還包含著把人作爲「合理（推理）的存在物」和作爲「能動（行動）的存在物」的這樣雙重屬性結合起來的意圖。

⑥《人性論》，第四五五頁。

⑦羅素認爲，休謨在《人性論》第三卷的道德探究中將其認識論懷疑主義立場拋置於腦後了（《西方哲學史》下卷，馬元德譯，商務印書館一九七六年版，第二一一頁）。羅素似乎是將休謨的道德學直接視爲其思辨人學的一個分支，而沒有注意到它其實並不是與「論知性」和「論激情」相平行的一個獨立的部分。如果根據休謨對人類本性的傳統劃分的偏離來理解其思辨人學的結構，其情感主義的道德學與懷疑主義的認識論之間則似乎很難說有明顯的不一致。

⑧休謨認爲，他在道德領域中的這個發現「應當視爲思辨科學的一個重大進步」。《人性論》，第四六九頁。

⑨《人性論》，第四八六—四八七頁。

⑩《人性論》，第四八七頁。

⑪《人性論》，第四八八頁。

⑫《人性論》，第四九〇頁。這種「一般的共同利益的感覺」作爲「約定」，區別於盧梭等其他近代哲學家們的契約論中的「約定」概念。在盧梭的契約論中，人被假設爲有理性的存在物，具有自由的意志，公民契約

或約定就出自這樣一個理性存在物的自由的意志。而在休謨這裡，「意志」不是一種實在的能力，「自由」不是一種實在的屬性，「理性」也只判斷事實和關係，因此，作爲正義的起源的這種「約定」就不是出自以理性爲根據的意志，而是出自作爲快樂和不快的感受的內在感官，不是以語言或符號的形式明確表達的概念和條文，而是模糊的預期的感覺。

⑬《人性論》，第四九六、五〇〇頁。

⑭《人性論》，第五七九—五八〇頁。

⑮《人性論》，第五九〇—五九一頁。

⑯附錄一。

⑰《人類知性研究和道德原則研究》，L. A. Selby-Bigge 編，Oxford：Clarendon，一九〇二年，第一七三—一七四頁。

⑱《人類知性研究和道德原則研究》，第一八〇—一八一頁。

⑲《人類知性研究和道德原則研究》，第一八四—一八八頁。

⑳《人類知性研究和道德原則研究》，第二〇六頁。

㉑對於這兩者之間的關係，休謨有一段生動的比喻：「人類的幸福和繁榮起源於仁愛這一社會性的德性及其分支，就好比城垣築成於眾人之手，一磚一石的堆砌使它不斷增高，增加的高度與各位工匠的勤奮和關懷成正比。人類的幸福建立於正義這一社會性的德性及其分支，就好比拱頂的建造，單個的石頭都會自行掉落，整體的結構惟有透過各個部分的相互援助和聯合才得以支撐起來。」《道德原則研究》，附錄三。

㉒《人類知性研究和道德原則研究》，第二一九頁注和第二〇六頁。
㉓《人類知性研究和道德原則研究》，第二一九頁注。
㉔《人類知性研究和道德原則研究》，第二四三—二四四頁。
㉕《人類知性研究和道德原則研究》，第二六一頁注。
㉖《人類知性研究和道德原則研究》，第二六八頁。
㉗《人類知性研究和道德原則研究》，第二七九頁。
㉘《人類知性研究和道德原則研究》，第二七四—二七七頁。
㉙《人類知性研究和道德原則研究》，第二七二頁。
㉚《人性論》，第五九二—五九四頁。
㉛《人性論》，第六〇九頁。
㉜《人類知性研究和道德原則研究》，第二七〇頁。
㉝《人類知性研究和道德原則研究》，第二八二頁。
㉞《人性論》，第四九〇—四九一頁。
㉟《人類知性研究和道德原則研究》，第一九八、二〇一頁，第一九七頁注和附錄三。
㊱《人類知性研究和道德原則研究》，第一九二—二〇四頁。這種秩序是以犧牲平等為代價的。休謨在討論正義的起源時假設了一種「原初的平等」，認為只有在人人最初平等的狀態下，正義才可能建立起來，如果人人最初是不平等的，則他們之間只能是主奴關係，不需要也不可能產生正義（第一九〇—一九二頁）。但是

對這種構成正義德性之基礎的「平等」，他沒有像盧梭那樣堅持視爲正義本身亦必須追求的目標，而是視爲不切實際和對社會有害的。從絕對的平等不可能存在、即便存在後天的努力也會將之打破，他推斷出，以平等爲正義的對象，社會就會淪爲極端貧困和個人專制的境地。因此，休謨認爲正義在根本上只是一種有限的分配正義；這就是他的「正義的對象即所有權」所表達的基本含義。

目次

第一章　論道德的一般原則

與那些固執於自己原則的人爭論，較之於一切其他爭論是最令人厭煩的；或許只有與那些全無誠意的人爭論除外，那些人其實並不相信他們所維護的觀點，他們之所以參與爭辯乃是出於裝模作樣、出於一種對抗精神（spirit）、或者出於炫耀其機趣（wit）和靈巧比其他人高超的一種欲望（appetite, desire）。在這兩種人中，所能期望的是他們對自己的論證同樣盲目的堅持、對他們的對手同樣輕蔑、對堅持詭辯和謬誤同樣強烈的熱心。由於推理不是這兩種爭論者各自匯出他們的信條本源，因而期望任何不涉及感情的邏輯將使他們接受更健全的原則都是白費心思。

那些否認道德區別（moral distinction）的實在性（reality）的人，可以歸入無誠意的爭論者之列；也不可能想像任何一個人類被造物（creature）竟能認眞地相信，一切性格（character）和行動（action）都一樣有資格獲得每一個人的好感和尊重（regard）。大自然（nature）在人與人之間所安排的差異（difference）是如此巨大，而且這種差異還被教育（education）、榜樣和習慣（habit）更進一步地擴大，以致一旦我們了悟這對立的兩極，就再沒有任何一種懷疑主義（scepticism）會如此嚴格，亦幾乎再沒有任何一種自信態度會如此堅定，以致絕對否定它們之間的一切區別。即使一個人的駑鈍向來就是非常嚴重，他也必定經常被**正當**和**不正當**的意象所打動；即使這個人的偏見向來就是非常頑固，他也必定觀察（observation）到其他人很容易被類似的印象所感動。因此，使一個無誠意的論敵轉變過來的唯一途徑就是任他去。因爲，發現沒有人願意繼續與他爭論，很可能他最終將由於厭倦而自行轉變到常識和理性（reason）這邊。

有一場近來發生的爭論很值得加以考察，這場爭論涉及道德的（moral）一般基礎：道德是導源於**理性**還是導源於**情感**（sentiment），我們獲得道德的知識是透過一系列論證和歸納，還是憑藉一種直接的感受（feeling）和較精緻的內在感官（sense），道德是像對於眞理（truth）和謬誤的所有健全判斷一樣，對一切有理性的理智（intelligence）存在物應當相同，還是像對於美（beauty）和醜的知覺（perception）一樣，完全基於人類特定的（particular）組織和結構。

儘管古代的哲學家們經常斷言德性（virtue）不外乎是遵奉理性，然而大體上似乎都將道德視爲是由趣味（taste）和情感而衍生出來。另一方面，儘管現代的探究者也侈談德性的美和惡行（vice）的醜，然而通常都努力透過形而上的推理，和透過從知性（understanding）的最抽象原則出發的演繹，來說明這些區別。在這些主題上籠罩著如此嚴重的混亂，以致後果極端嚴重的對立，而在體系與體系之間流行，甚至幾乎在每一個體系的部分與部分之間；但是直到晚近，竟沒有一個人察覺這一點。高貴的莎夫茨伯利勛爵[1]第一個引起人們注意這一區別，而他大體上堅持古代先哲們的原則，自己並沒有完全擺脫這種混亂。

必須承認，這個問題的兩個方面都能獲得似是而非的證明。人們可以說，道德區別是可以由純粹**理性**分辨清楚的；由此關於這一問題又進一步產生在日常生活中以及在哲學

（philosophy）中所盛行的許多爭論；爭論雙方經常提出一連串證據，援引例證、訴諸權威、運用類比（analogy）、查探謬誤、引出推論，使各個結論適合於他們自己的適當原則。眞理是可爭辯的，趣味則不然；實存於事物本性（nature）中的東西是我們的判斷力（judgement）的標準（standard），每個人在自身中感受的東西則是我們的情感的標準。幾何學的命題可以被證明，物理學的體系可以被反駁；但詩韻的和諧，情愛的溫柔，機趣的光華，則必定給予人直接的快樂（pleasure）。沒有人對他人的美進行推理，但經常對他們行動的正義（justice）或不正義進行推理。在每一堂刑事審判中，被告的第一個目標是反駁所指控的事實（matter of fact），否認歸咎於他的行動；第二個目標則是證明，即使這些行動是實在的（real），它們也可以證明爲正當的，即無罪和合法的。我們承認確斷第一點必須透過知性的演繹，我們如何能假設若要確定第二點必須運用心靈（mind）的另一種不同的能力呢？

另一方面，那些想把一切道德規定（determination）都分解成**情感**的人可能努力表明，理性要引出道德推論是絕不可能的。對於德性，他們說它屬於**可親的**東西，而惡行則屬於**可惡的**東西。這就形成它們的眞正本性或本質。但是理性或論證能將這些不同的辭藻分配給某些主體，並預先宣布這必定產生愛（love）、那必定產生恨嗎？或者說，除了天生適合於接受這些情感的人類心靈的原始組織和構造（constitution），我們還能將其他別的理由永遠認定給這些感情嗎？

一切道德思辨的目的（end, purpose）都是教給我們義務（duty），並透過對於惡行的醜和德性的美的適當描繪而培養我們相宜的習慣，使我們規避前者、接受後者。但是這難道可以期望透過知性的那些自身無法控制這些感情或無法驅動人們的能動力量（force, power）的推理和推論來達到嗎？推理和推論發現眞理，但是在它們所發現的眞理是冷漠的，引不起任何欲望或反感的地方，它們就不可能對任何行爲（act）和舉動發揮任何影響。凡是光榮、公平、合適、高貴、慷慨的東西，都占據我們的胸懷，激勵我們接受、堅持它們。凡是可理解、明證、或然、眞實（truth）的東西，都只獲得我們知性的冷靜的同意，在滿足一種思辨的好奇心時終止我們的研究。

熄滅一切對德性狂熱的情和愛、抑制一切對惡行的憎和惡（evil），使人們完全淡漠無情地對待這些區別，道德性（morality）則不再是一種實踐性的修行，也不再具有任何規範我們生活和行動的趨力。

雙方的這些論證（還可能炮製更多）是如此貌似合理，以致我不由得猜想，雙方的所有這些論證都可能是可靠和令人滿意的，**理性**和**情感**在幾乎所有道德規定和道德推論中都是共同發生作用的。很可能，那宣判性格和行動是可親或可惡、是值得稱讚（praise）或令人譴責（blame），那給它們打上光榮或恥辱、讚許（approbation）或責難（censure）的印記，那使道德性成爲一條能動的原則，並將德性規定爲我們的幸福（happiness），而將惡行規定爲我們的苦難（misery）的最終裁決：我是說，很可能這種最終的裁決依賴於大自然所普遍賦予整個人類的某種內在的（internal）感官或感受。因爲除它之外，難道還有其他別的能夠具有這種性質的影響力嗎？但是，爲了替這種情感鋪平道路，並確切地分辨它的對象（object），我們發現事先進行大量的推理、作出精細的區分、引出合理的結論、建立廣泛的比較（comparison）、考察複雜的關係（relation）、確認一般的（general）事實，常常是必要的。有許多種美，尤其自然的（natural）美，最初一出現就抓住我們的感情、博得我們的讚許；而在它們沒有這種效果的地方，任何推理要彌補它們的影響或使它們更適應於我們的趣味和情感都是不可能的。但是也有許多種美，尤其那些精巧的藝術作品的美，爲了感受適當的情感，運用大量的推理卻是必不可少的；而且一種不正確的品味往往可以透過論證和反思（reflection）得到糾正。有正當的根據斷定，道德的美帶有這後一種美的鮮明特徵，它要求我們的智性能力的幫助，以便賦予它對人類心靈的相應的影響力。

但是，儘管這一關於道德的一般原則的問題是令人好奇和重要的，我們目前卻沒有必要花費更多心思加以研究它。因爲如果我們在探究過程中能夠非常幸運、以至於發現道德的眞正起源，那時情感或理性在所有道德規定中到底起多大作用就將容易顯現出來。[2]爲了達到這個目的，我們努力採取一種十分簡單的方法，將分析形成日常生活中我們稱之爲「個人價値」的各種心理特質（quality）的那種複合，我們將考慮一個人心靈中導致其成爲或者敬重（esteem）和好感、或者憎恨和輕蔑之對象的每一種屬性，並將考慮那如果被歸於任何個人（person）則意味著對他不是稱讚便是譴責，並可能影響對他性格和作風（manners）

的任何頌揚或諷刺的每一種習慣、情感或能力。在這一方面，人類當中如此普遍地存在一種敏銳的感受性，它給予哲學家充分的保證，使他在編製項目時絕不可能出現任何重大的失誤，或招致將其靜觀的對象錯置地位的任何危險；他只需在自己心中體會片刻，考慮一下他是否將欲求（desire）擁有所歸之於他的種種特質、各種的歸罪是出自朋友還是出自敵人。語言（language）的本身就幾乎可靠無誤地引導我們形成這種性質的判斷；由於每一種語言既有一套作爲褒義的語詞、亦有另一套作爲相反意義的語詞，因而毋須任何推理，稍稍瞭解語言的習慣用法就足以指導我們蒐集和整理人類的各種受尊敬（respect）的或遭譴責的特質。③推理的唯一目標是發現這兩方面中爲這些特質所共通的因素（circumstance），觀察那些受尊敬的特質所一致具有的特定因素以及那些遭譴責的特質所一致具有的特定因素，進而由此到達倫理學的基礎，找出一切責難或讚許最終由之而發源的那些普遍的（universal）原則。由於這是一個事實問題，而不是一個抽象科學的問題，因而我們只能期望透過實驗的方法和從特定事例（instance）的比較中推演出一般的準則來獲得成功（success）。另一種科學的方法，亦即首先確立出一般的抽象的（abstract）原則，而後將之分化爲各種不同的推論和推斷，其自身可能是更完善些，但更不適合於人類的不完善的本性，是道德和其他各種主題中幻想和錯誤的一個共同的本源。在自然哲學中，人們雖然沒有澈底根除他們對假設和體系的熱愛，但是除了那些來自經驗（experience）的證據，他們將不傾聽任何其他的證據。現在該是他們在所有道德研討中嘗試類似這種改革，拒絕一切不是建立在事實和觀察基礎之上的、不論多麼玄奧或精妙的倫理學體系的時候了。

我們將考量仁愛（benevolence）和正義這些社會性的（social）德性，開始探究道德原則。對於這些社會性的德性的闡釋，或許將指引我們一條可用以說明其他德性的途徑。

【注釋】

① 莎夫茨伯利，Shaftesbury，一六七一—一七一三年，英國政治家和哲學家，自然神論者。主要著作有《德性研究論》。——譯者注

② 見附錄一。

③《休謨哲學著作集》注：「爲了達到這個目的，我們將努力採取一種十分簡單的方法……稍稍瞭解語言的習慣用法就足以指導我們收集和整理人類的各種受尊敬的或遭譴責的特質。」這段話在第一版*中原爲：「同時，在這個爭論完全解決之前，要以各門科學所要求的那種精確的方式，從作爲我們目前探究對象的德性和惡行的準確定義（definition）而開始進行，對我們來說幾乎是不可能的。不過我們將做我們可以正當地認爲令人滿意的事情，把這個問題當作經驗的對象，把**心靈的每一種伴有人類的一般的讚許的特質或行動**稱爲有德性的；而把**每一種構成一般的譴責或責難之對象的特質**稱爲惡行。」

*譯者按：《休謨哲學著作集》的編者在編輯本書的過程中至少參考和對照了四個不同的版本，這四個版本並不對應於休謨寫作和修訂此書的相應的版本。休謨此書初稿完成於一七四九—一七五〇年間，出版於一七五一年，此後九次修訂，九次出版，時間分別是一七五三年、一七五八年、一七六〇年、一七六四

年、一七六七年、一七六八年、一七七〇年、一七七二年和一七七七年。上述四個版本到底對應於休謨寫作和修訂的哪一個版本，現在很難完全確定；根據《休謨哲學著作集》的編者的有關注釋，我們唯一可以確定的是，第三版是指一七七七年版。

第二章　論仁愛[1]

第一節　如何評價價值

或許可以認爲，證明仁愛或較溫柔的感情是有價值（merit）的，它們不論出現在哪裡都博得人類的讚許和善意，是一件多餘的事情。這些語詞如「友善的」、「善良的」、「人道的」（humanity）、「仁慈的」、「感激的」、「友愛的」、「慷慨的」、「慈善的」，或與它們意義相同的那些詞，在所有語言中都是眾所周知的，普遍表達著**人類本性**所能達到的最高價值。當這些可親的特質伴隨出身、權力（power）和卓越的能力而展現於人類良好的政府（government）或有用的（useful）教育中時，它們就似乎將那些擁有它們的人提升到幾乎超越於**人類本性**的地位，使他們在某種程度（degree）近乎神聖。傑出的能力、大無畏的勇氣（courage）、豐碩的成就，這些只能使一位英雄或政治家（politician）遭受公眾（the public）的嫉妒（envy）和惡意（malice）；而這些榮耀一旦加上人道和慈善的因素，當這些事例顯示出寬厚、溫柔或友誼（friendship）時，嫉妒則就自行沉默或附和於一般的讚許和歡呼之聲。

當伯里克利[2]這位雅典偉大的政治家和將軍彌留之際，圍繞在他身邊的朋友們以爲他已經失去知覺，便開始歷數他的偉大的特質和成功、他的征服和勝利、他的執政的非凡長久以及他那矗立在敵人國土之上的九座勝利紀念碑，以盡情表達他們對這位行將辭世的恩主的哀痛。這位垂死的英雄聽完這一切之後喊到：「你們忘記了我最傑出的榮耀，盡在數說些主要決定（decision）於命運的尋常功績。你們沒有提到，從沒有一個公民由於我而穿喪服。」③

對於天資和能力比較普通的人，這些社會性的德性如果可能變成更必不可少的需要；在那種情況下，沒有任何卓越的東西可以彌補這些社會性的德性的缺乏，或保護他們的人格（person）免遭我們最嚴酷的憎恨和輕蔑。西塞羅說，遠大的抱負、高昂的勇氣，在較不完善的性格中容易蛻變為一種暴烈的凶殘。在這些性格中，較社會性和較溫和的德性就該特別受到重視。這些德性總是善良和可親的。④

尤維納利斯⑤發現人類廣博的能力的主要好處（advantage）是，它使我們的仁愛亦更廣博，並讓我們享有比低等被造物更多的擴展仁慈影響的機會（chance）。⑥其實必須承認，惟有透過行善，一個人才能（talent）眞正享受當傑出者的好處。他的高位使他更加暴露於危險和風暴面前。他的唯一特權是給那些安於他的蔭庇和保護的下屬提供庇護。

但是我忘記了，推崇慷慨和仁愛，或用眞實的色彩描繪各種社會性的德性的全部眞正魅力，並不是我目前的任務。固然，這些社會性的德性足以吸引每一個初次領略它們的人，而且要它們不再像經常成為嚴肅談話或推理的對象那般成為俏皮頌揚的對象，也是非常困難的。然而，我們這裡的對象是道德的思辨而非其實踐，只要注意（我相信這將很容易得到承認）這一點就是足夠的：沒有什麼特質比慈善（beneficence）和人道、友誼和感激（gratitude）、自然感情和公共精神（public spirit），或凡發端於對他人的溫柔同情（sympathy）和對我們人類種族的慷慨關懷的東西，更有資格獲得人類的善意和讚許。這些特質無論出現在哪裡，在某種程度上似乎都潛移默化於每一個注目者中，並喚起他們自身所施加於周圍所有人的那些愉悅和親切的情感。

第二節　優點和實用性

我們可以觀察到，在對任何一個人道的和慈善的人表示稱讚時，有一個因素一向是充分加以堅持的，那就是，那個人的交往和善行帶給社會（society）的幸福和滿足。我們善於說，對他的父母，他更加憑自己孝敬的情意和恭順的關懷，而非血緣關係而使自己可親可愛。他的孩子從來感受不到他的權威，除非這權威是爲了爲他們謀利益。與他之間，愛的紐帶是由慈善和友誼來鞏固的。友誼的紐帶在他親切奉行每一應盡的職責時，近似於愛和偏愛的紐帶。他的僕傭和侍從從他那裡獲得可靠的保障，不再懼怕命運的力量，只要命運的力量沒有壓倒他。從他那裡，饑者得食、裸者得衣、愚人和懶漢變得靈巧和勤勞（industry）。他像太陽這位凡間的天道使者，鼓舞、滋養和支撐周圍的世界。

如果被局限於私人的（private）生活，他的活動領域是較狹窄些；但是他的影響力完全是寬厚和溫和的。如果被提升至高位，則人類世代都將得到他勞動的果實。

由於這些稱讚的主題從沒有失於運用，而當我們想以它激起對任何人的敬重時，亦從沒有失於成功，因此難道我們因此而推斷，社會性的德性所產生的效用（utility）至少形成它們價值的一部分，是它們受到如此普遍讚許和尊重的本源嗎？

甚至當我們將一隻動物（animal）或一棵植物視爲有用和有益的時候，我們也給予它一種與其性質相稱的稱讚和推崇。另一方面，對任何這些低等存在物的有害影響的考慮又總是激起我們厭惡的情感。眼睛對於豐收的田野和碩果累累的葡萄園的景色、對於羊馬成群的牧場風光感到愉悅，而避開那些隱匿豺狼毒蛇的荊棘叢林的景象。

爲了適用和便利（convenience）而精心設計的一架機器、一件傢俱、一件衣服、一幢房屋，就其適用和便利而言是美的，受到人們快樂和讚許的凝視。一雙經驗豐富的眼睛在這裡可以敏銳發現許多愚昧和缺乏教養的人所看不出的優點。

當稱讚一種職業，諸如商業或製造業時，難道有什麼能比指出這種職業爲社會帶來的益處（advantage）是更有說服力的嗎？僧侶和宗教（religion）裁判所的法官，當我們將其階級看作無用的甚或對人類有害的時候，難道不會勃然大怒嗎？

歷史學家爲展示其勞動所產生的益處而歡欣鼓舞。小說家則淡化或否認歸於其寫作風格的惡劣後果。

總之，**有用的**這個簡單的辭藻包含何等稱讚！其相反者包含何等指責！

西塞羅[7]在反對伊比鳩魯學派時說，無論你們如何假設你們的諸神賦有什麼想像的（imaginary）完美性，都無法正當地聲稱值得人們的任何崇拜或敬仰。他們完全是無用和非能動的。甚至你們大加嘲笑的埃及人也從不獻祭任何動物，除非由於這個動物本身的效用。

懷疑主義者斷言[8]（儘管荒謬地），一切宗教崇拜的起源導源於無生命之物，諸如太陽和月亮養育和造福人類。這一效用也被歷史學家們認定是傑出英雄和立法者之所以被奉若神明的共同理由。[9]

植樹、種田、生兒育女，按照所羅阿斯特[10]的宗教，都是有價值的行爲。

在對於道德性的所有規定中，公共的（public）效用這個因素始終是最受重視的；關於義務界線的爭論，不論發生在哲學或日常生活中，絕沒有什麼手段能比全面弄清人類的眞正利益更可靠地解決這個問題。如果我們發現任何根據現象（appearance）而採納的虛妄意見在流行，只要更進一步的經驗和更健全的推理，給予我們關於人類事務的更合理的概念，我們就將收回最初的情感，重新調整道德的善（good）和惡（evil）的界線。

施捨乞丐自然是受稱讚的，因爲這似乎是濟弱救貧；但是當我們觀察到由此而導致鼓勵遊手好閒和道德敗壞時，我們寧可將這種施捨行爲視爲一種弱點而非一種德性。

誅戮暴君，或者說行刺篡位者和暴虐的國王，在古代是受高度頌揚的；因爲它既把人類從許多這樣的惡魔手中解放出來，又似乎可使另外那些刀劍和懲罰（punishment）尚不能及的暴君保持敬畏。但是既往的歷史（history）和經驗使我們深信，這種做法加劇君王們的猜忌和殘忍，提莫萊昂[11]們和布魯圖[12]們，儘管由於他們時代的偏見而受到縱容對待，現在卻被視爲非常不適於仿效的榜樣。

君王們的慷慨好施被視爲慈善的標誌，但是當發生誠實（honesty）勤勞的人們的日常麵包常常因此而變成懶漢浪子們的大餐時，我們就立刻收回輕率的讚揚。一位君王因虛度一天光陰而懊悔，這是高尚和慷慨的；但是倘若他本打算用這一天對那些貪婪的臣屬行慷慨，那麼即使那樣虛度也比這樣濫用時光好。

奢侈，或者說追求生活的更加快樂和便利，不久前還一直被設定是政府中一切腐敗的本源，是各種派系鬥爭、叛亂、內戰以及自由（freedom, liberty）徹底淪喪的直接原因（cause）。因此，它曾普遍被視爲一種惡行，是一切諷刺作家和嚴肅道德家激昂陳詞的對象。那些證明或試圖證明這樣的追求其實有助於增進工業、文明和藝術的人，重新調整了我們**政治的**以及**道德的**情感，將這種從前一直被視爲有害和可譴責的事情，轉變爲值得讚揚或無害的。

於是總體看來，有一點似乎不可否認，**那就是**沒有什麼能比卓越的仁愛情感賦予任何一個人類被造物以更多的價值，仁愛情感的價值至少一**部分**來自其促進人類利益和造福人類社會的趨向（tendency）。我們矚目於這樣一種性格和氣質（disposition）的有益結果（effect），凡是具有如此有益的作用、促進如此值得追求的目的的東西，我們都投以滿意（satisfaction）和愉悅的目光。社會性的德性沒有其有益的趨向絕不會受到重視，它們也絕不能被看作無果實和無效益的。人類的幸福、社會的秩序（order）、家庭（family）的和睦、朋友間的互相支持，總是被視爲這些德性無形地統治人們胸懷的結果。

我們應當把社會性的德性價值的很大一**部分**歸於它們的效用，⑬效用這一因素爲什麼對我們的敬重和讚許具有這種控制力，⑭這些問題將在後面的探究中進一步說明。

【注釋】

① 《休謨哲學著作集》注：在第一版和第二版中，本章以現屬附錄二的「論自愛」作爲引論。

② 伯里克利，Pericles，約西元前四九五─前四二九年，古代雅典最偉大的政治家和軍事家。——譯者注

③ Plut. in Pericle.（普魯塔克：《伯里克利傳》。〔參見《希臘羅馬名人傳》上冊，黃宏煦主編，商務印書館一九九五年版，第五〇〇頁。——譯者注〕）

④ Cic. de Officiis, lib. i.（西塞羅：《論義務》，卷一。）

⑤ 尤維納利斯，Juvenal，約六〇─一二七年，古羅馬諷刺詩人，留傳後世的主要有諷刺詩十六篇。——譯者注

⑥ Sat. xv. 139 and seq.（《諷刺詩》，十五，第一三九行及以下。）

⑦ De Nat. Deor. lib. i.（《神性論》，卷一。）

⑧ Sext. Emp. adversus Math. Lib. viii.（塞克斯都．恩披里珂：《反對數學家》，卷八。）

⑨ Diod. Sic. passim.（西西里人狄奧多羅斯〔Diodorus Siculus，西元前一世紀希臘歷史學家，著有《歷史叢書》四十卷。——譯者注〕：《歷史叢書》，散見於各處。）

⑩ 所羅阿斯特，Zoroaster，約西元前六二八─前五五一年，古代波斯宗教改革家、先知，所羅阿斯特教或拜火

教創始人。——譯者注

⑪ 提莫萊昂，Timoleon，西元前四世紀希臘政治家和將軍，曾率領科林斯軍隊擊敗敘拉古僭主。——譯者注

⑫ 布魯圖，Brutus，古羅馬將軍，西元前四十四年主謀刺殺羅馬獨裁者尤利烏斯．凱撒。——譯者注

⑬ 第三章和第四章。

⑭ 第五章。

第三章　論正義

第一節

正義是對社會有用的，因而至少其價值這個**部分**必定起源於這種考慮，要證明這一命題是一件多餘的事情。公共的效用是正義的**唯**一起源，對這一德性的有益結果的反思是其價值的**唯**一基礎；這個命題則較令人好奇和重要，將更值得我們考察和探究。

讓我們假設，大自然把所有**外在的**（external）便利條件如此慷慨**豐足**地贈予了人類，以致沒有任何不確定的事件，也不需我們的任何關懷和勤奮（industry），每個人都發現不論他最貪婪的欲望能夠要求什麼或最奢豪的想像力（imagination）能夠希望或欲求什麼，都會得到充分的滿足。我們將假設，他的自然的美勝過一切後天獲得的裝飾、四季溫和的氣候使得一切衣服、被褥都變成無用、野生漿果爲他提供最美味的食物、清泉爲他提供最充足的飲料；不需任何勞心費力的工作、不需耕耘、不需航海；音樂、詩歌和靜觀構成他唯一的事業（enterprise）；談話、歡笑和友誼構成他唯一的消遣。

看來不言而喻，在這樣一種幸福的狀態中（state），每一種其他社會性的德性都會興旺發達並獲得十倍增長，而正義這一警戒和防備性的德性則絕不曾被夢想過。因爲當人人都富足有餘時，劃分財物有何意義呢？在絕不可能有任何傷害的地方爲什麼會產生所有權（property）呢？在別人占有（possession）這個對象，我只需一伸手就可擁有價值相同的另一個時，爲什麼稱這個對象爲**我的**呢？在那種情況下，正義就是完全無用的，它會成爲一種虛設的禮儀，而絕不可能出現在德性的項目中。

我們看到，甚至在人類目前這種必需的（necessary）狀況下，無論何處只要大自然無限豐足地賜予我們任何一種恩惠，我們總是讓它爲整個人類所共有，而不作任何權利和所有權的劃分。水和空氣，儘管是一切對象中最必需的，卻沒有被作爲個人的財產來爭取，也沒有任何一個人能透過對大自然的這些恩賜的揮霍和享受而行不正義。在土地肥沃廣袤而居民稀少的國度，土地受到與此相同的對待。而對那些維護海洋自由的人來說，最經常談論的話題莫過於在航海中對海洋的使用是取之不盡的。如果透過航海所獲得的好處眞是無窮無盡的，這些論者就絕不曾有予以反駁的論敵，以分裂和割據的方式統治海洋的主張也就絕不曾有人提出來。

在某些國家在某些時期，如果土地比居民所能使用的更充裕，而水卻很難找到且量非常少，則可能對水而不是對土地確立所有權。①

再假設，儘管人類的必需將如目前這樣持續下去，而人類的心靈卻被如此擴展並如此充滿友誼和慷慨，以致人人都極端溫情地對待每一個人，像關心自己的利益一樣關心同胞的利益；則在這種情況下，很顯然的，正義的用途將被這樣一種廣博的仁愛所中止，所有權和責任（obligation）的劃分和界線也將絕不會被想到。我爲什麼應當用一種契約或承諾來約束另一個人爲我做善行，當我知道他已被最強烈的愛好（inclination）所驅使而爲我謀求幸福，將自行踐履我所欲求的服務，除非他因此受到的傷害大於我所增加的利益？在這種特殊的情況下，他知道，我將出於天賦的人道和友誼而首先反對他輕率的慷慨。我爲什麼應當在我的田地與鄰人的田地之間豎立界碑，當我內心未曾對我們之間的利益作出任何劃分，而是以彷彿享受自身的歡樂和悲傷一樣的力量和活力，而分享他的所有歡樂和悲傷？根據這種假設，每一個人都是他人的另一個自我，他將把所有利益信託給每一個人去自行處理，沒有猜忌、沒有隔閡、無分彼此。而整個人類將形成單純一個家庭，在其中一切都屬公有，大家自由地使用、毋須考慮所有權，但是亦像最密切關懷自己的利益一樣，完全尊重每一個人的必需。

在人類胸懷目前的氣質中，要發現如此擴展感情的完美事例或許將是困難的，但是我們仍然可以觀察到，家庭的情形正在向此接近，其中個人之間相互的仁愛愈強，它就愈接近，直到個人之間所有權的所有區別在很大程度上消失和混淆不分爲止。在結婚的兩人之間，友誼的結合被法律（law）設定爲如此牢固，以至於取消財產的所有劃分，而這種結合也常常實際具有所歸於它的這種力量。我們還可以觀察到，在新的熱情熾烈期間，當每一條原則都被過度發揮時，常常試行財物的公有制；而除非人們由於復發或掩飾的自私性（selfishness）而經驗到財物公有制的不便，否則沒有什麼能使這些魯莽的狂信者重新採納正義的觀念（idea）和劃分所有權的觀念。因此，正義這一德性完全從其對人類的交往和社會狀態的必需用途而衍生出其實存（existence），乃是一個眞理。

爲了使這個眞理更加明顯（evidence），讓我們反轉前述設定，將一切都推到對立的極端，考慮這些新的境況將是什麼結果。假設一個社會陷入所有日常必需品都如此匱乏，以致極度的儉省和勤奮也無法使大量的人免於死亡和使整個社會免於極端的苦難的狀態中；我相信大家將輕易容許在這樣一個緊迫的危急關頭，嚴格的正義法則（law）被中止，而被必需和自我保存這些更強烈的動機所取代。覆舟之後，極力抓住任何救生的手段或工具而不尊重既定的所有權的限制是犯罪嗎？或者假如一座被圍困的城市正面臨饑餓所帶來的死亡的威脅，我們能夠想像，人們將出於對那些在其他境況下將是公道和正義的規則（rule）的拘泥尊重，而眼看著他們面前的任何自我生存的手段、喪失他們的生命嗎？正義這一德性的用途和趨向是透過維護社會的秩序而達到幸福和安全；但是當社會即將毀滅於極端的必需時，則沒有什麼更大的罪惡（crime）能使人懼怕而不採取暴力和不正義，此刻人人都可以爲自己提供明智（prudence）所能命令或人道所能許可的一切手段。公眾，甚至在必需較不緊迫時，不徵得所有者的同意就打開糧倉，因爲他們正當地假設執政當局可以根據公道原則而擴展到這樣的限度；但是如果任何一群人不顧法律或民事管轄權的約束而集合起來，在一次由強權、甚至暴力所引起的饑荒中均分食糧，將被視爲犯罪或傷害嗎？

同樣假設，一個有德性的人命運乖舛，陷入一個悖離法律和政府保護的匪寇社會中，他在這個令人憂鬱的境況中必定接受什麼指導呢？他看見到處盛行如此孤注一擲的貪婪的搶奪、如此漠視公道、如此輕蔑秩序、如此愚蠢盲目不見將來的後果，以至於必定立即具有最悲慘的結局，必定以大部分人毀滅、剩餘的人澈底地社會解體而告終。當此之際，他別無他法，惟有武裝自己，奪取不論可能屬於誰的劍或盾，裝備一切自衛和防禦的工具，而他對正義的特定的尊重不再對他自己的安全或別人的安全有用，他必須援引自我保存的命令，不關懷那些不再值得他關心和注意的人。

甚至在政治社會中，當任何一個人由於犯罪而使自己成爲公眾譴責的對象時，他也受到法律對其財物和人格的懲罰；就是說，正義的一般規則（general rule）對他暫時中止，爲了社會的**利益**，對他處以某種他不犯過錯或造成傷害便不可能遭受的懲罰就變成是公道的。

公共性的戰爭②的狂暴和激烈，除了是正義在那些知覺到這一德性此刻對他們不再具有任何**用途**或好處的交戰各方之間的中止，還是什麼呢？戰爭的法則於是接替公道和正義的法則，是人們爲他們此刻所處於其中的那個特定狀態的**好處**和**效用**而算計（calculation）的規則。如果一個文明的民族與甚至戰爭的規則也不遵守的野蠻人作戰，前者必定在這些規則不再有助於任何目的的時也中止遵守它們，而且必定使他們對這些最先發動戰爭的侵略者們的每一次行動或戰役盡可能血腥和致命。

因而，公道或正義的規則完全依賴於人們所處的特定的狀態和狀況，它們的起源和實存歸因於遵守它們的嚴格規範爲公共所帶來的那種效用。在任何值得考慮的環境（circumstance）下，交換一下人們的狀況，例如：生產或者極端豐足、或者極端必需，植根於人類心中的，或者是完全的溫良和人道、或者是完全的貪婪和惡毒，即透過使正義變成完全無用的，則你們由此就完全摧毀它的本質，中止它所加予人類的責任。

通常社會的境況是居於所有這些極端之間的中間狀態。我們自然地偏袒自己和朋友，但又有能力懂得一個較公道的行爲產生的好處。大自然敞開慷慨的手給予我們很少的享受，但我們又能透過技藝、勞動和勤勞，而極其豐足地獲取它們。因而，在整個公民社會中，關於所有權的觀念就變成必需的，正義就獲得其對公眾的有用性，並單單由此而產生出其價值和道義責任。

這些結論是如此自然和明顯，以致在甚至詩人們對黃金時代（golden-age）或薩圖爾努斯③統治時期的幸福生活的描繪中也不可能避免。倘若我們相信他們的那些令人愉快的（agreeable）虛構（fiction），在大自然的那個最初時期，四季是那樣溫和，以致人們完全不必爲自己準備衣服和住房，作爲抵禦酷暑嚴寒的保障，河裡流著酒和乳，樹上長著蜜，大自然自發地生產著她的珍饈美味。這些也並不是那個幸福時代的主要好處。惟獨風暴沒有從大自然中消除，但是現在引起如此喧囂、造成如此騷亂的那些較猛烈的風暴卻不爲人類胸懷所熟悉。他們從沒有聽說過貪婪、野心（ambition）、殘忍、自私；摯愛、憐憫（pity）、同情是他們心靈尚認識的唯一活動。甚至**我的**和**你的**這種不容混淆的區別也被排除在那個塵世的幸福種族之外，而與之一道被排除的正是所有權和責任、正義和不正義等概念。

對**黃金時代**的這種**詩意的**虛構在某些方面與對**自然狀態**的**哲學的**虛構具有相同的性質，

只不過黃金時代被形容爲所能想像的最吸引人和最太平的狀況；而自然狀態則被描繪爲伴有最極端的、必需的相互戰爭和暴力狀態。後者告訴我們，人類最初起源之際的愚昧和野蠻本性多麼暢行，以致他們彼此之間不能有任何信任，而必須依靠自己的力量和狡猾來謀求生存和安全。未聽說過法律，不知有正義的規則，不尊重所有權的區別，力量是正當與否的唯一標準，所有人互相對立的、沒有間斷的戰爭是人們未被馴服的自私和野蠻的產物。④

人類本性的這樣一種狀況究竟能否實存，或者如果它曾經實存且能否延續那樣長久以至於配享**狀態**之名，可以有理由受到懷疑。人們至少必須在一個家庭社會（family-society）裡出生，並被父母按照一定的行爲舉止規則加以訓練。但是必須承認，如果這樣一種相互的戰爭和暴力狀態竟是實在的，那麼正義的所有法則，由於絕對的無效用，其中止就是必然和可靠無誤的後果。

愈是變化我們對於人類生活的觀點，審視它的眼光愈新穎和愈不尋常，就會愈深信這裡所歸於正義這一德性的起源是實在和令人滿意的。

如果有一種與人類雜然相處的被造物，它們雖有理性，卻在身、心兩個方面具有如此低微的力量，以至於沒有能力作任何抵抗，對於我們施予的最嚴重的挑釁，也絲毫無法使我們感受到它們的憤恨的效果；我認爲，其必然的（necessary）後果就是，我們應當受人道的法則的約束而禮待這些被造物，但確切地說不應當受關於它們的正義的任何限制，它們除了擁有如此專擅的君主，也不能擁有任何權利或所有權。我們與它們的交往不能稱爲社會，社會設定了一定程度的平等（equality），而這裡卻是一方是絕對命令，而另一方是奴隸般地服從。凡是我們覬覦的，他們必須立即拱手放棄；唯有我們的許可，它們才得以保持它們的占有物（possession）；我們的同情和仁慈是它們用以勒制我們的無法無規的意志（will）的唯一牽制；正如對大自然如此堅定確立的一種力量的運用，絕不產生任何不便一樣，正義和所有權的限制如果是完全**無用的**，就絕不會出現在如此不平等的一個聯盟中。

這顯然就是人類對動物的情形，這些動物在某種程度上可以被認為擁有理性，我把這個問題留給他人去規定。文明的歐洲人對野蠻的印第安人的巨大優越感，誘惑我們想像自己對他們立於同樣地位，並使我們在對待他們時拋棄正義的一切限制、甚至人道的一切限制。在許多民族中，女性被降低到類似於奴婢的地位，被剝奪任何擁有財產的權力，與她們的高貴的主人相對立。但是在所有國家中，儘管男性當聯合起來時，都有充分的體力維持這種嚴厲的專制，然而他們的女伴們的暗送秋波、風趣談吐和迷人魅力，也使得女人們通常都能打破這種聯盟，而與男性分享社會的所有權利和特權。

如果人類被大自然構造為每個人在其自身之內就擁有為他自身的生存和種族的繁衍兩方面所不可缺少的每一種機能，如果人與人之間的整個社會和交往被至高無上的造物主（creator）的最初意向（intention）所打斷，那麼看來很顯然，如此孤居獨處的一個存在物，正如不能有社會性的話語和交談一樣，不能有正義。在相互的尊重和容忍不能有助於任何一種目的的時，它們將絕不指導任何一個有理性的人的行為。這些激情（passion）急切的湧流將由於不能對其將來後果作出任何反思而受到阻止。由於每個人在此被設定爲只愛自己、只依賴於自身的能動性來謀求安全和幸福，因此他將在每一個場合都竭盡全力爭取獲得優先於每一個其他存在物的權利，在任何存在物面前，他都既不受自然也不受利益的紐帶所束縛。

但若兩性之間的結合在自然中確立起來，家庭就立即產生；如果某些特定的規則被發現是家庭的存續所不可缺少的，這些規則就立即被接受；儘管這些規則並沒有把其餘的人類綜括入它們進行規定的範圍。假設幾個家庭一起結合成一個徹底脫離所有其他家庭的社會，那些維護和平和秩序的規則就擴展到這個社會的範圍的極限；但是當這些規則向前更推進一步時，由於它們那時變成完全無用的，於是就失去力量。但是再假設，幾個截然不同的社會爲了相互的便利和好處而保持一種交往，則正義的界線就與人們視野的開闊和他們相互聯繫的力量成正比而不斷擴大。歷史、經驗和理性充分教給我們人類情感的這一自然進程，教給我們對正義的尊重是如何隨著我們對這一德性的效用的廣泛程度的瞭解而不斷增加著。

第二節

如果我們考察用以指導正義和規定所有權的特定的法律，我們仍將得出同一個結論。增進人類的利益是所有這些法律和規章的唯一目的。爲了社會的和平和利益，所不可或缺的不單是人們的財產應當被劃分，而且是我們作出這種劃分所遵循的規則，應當是那些最能被發明來進一步爲社會的利益服務的規則。

如果一個擁有理性但並不瞭解人類本性的被造物暗自思量，正義或所有權的什麼規則將更加的增進公共利益，並在人類中確立和平和安全；則他最明顯的思想將是，把最大的占有物分配給最廣博的德性，給予每一個人與其愛好相應的行善力量。在一個由某種無限智慧的存在物，透過特定意志活動來統治的完全的神權政治社會中，這條規則將確定無疑地發揮作用，並可以服務於最智慧的意圖（purpose）；但是如果人類想要施行這條法律，則既由於這條法律的模糊性，又由於每個人的自負，其價值的不確定性就是如此嚴重，以致絕沒有任何一條明確的行爲規則將由之而產生，而社會徹底的分崩離析必定是其直接的後果。狂信者可以假設，「統治基於神恩，惟有聖徒才繼承世界」；⑤但是民事裁判官⑥十分合理的將這些崇高的理論家與普通強盜同等看待，並透過最嚴厲的懲戒教育他們：一條在思辨中可能看來對社會最有利的規則，在實踐中可能發現是完全有害和毀滅性的。

我們從歷史中得知，英格蘭內戰期間曾有過這種**宗教**狂信者，儘管很可能這些原則明顯的**趨向**激起人類那樣的恐怖，以致立即迫使那些危險的狂徒放棄或者至少隱藏他們的信條。或許主張平等分配財產的**平等派**（levellers）是一種**政治**狂信者，他們來源於宗教狂信者，並比後者更公開宣揚他們的主張；因爲他們的這些主張帶有一種更貌似合理的外觀，似乎不僅在它們自己是可行的，而且對人類社會是有用的。

誠然，必須承認，大自然對人類是如此慷慨，以致倘若她的全部饋贈在人類中得到平等分配、並得到技藝和勤奮的改進，則每一個人都會享受一切必需品，甚至絕大部分舒適的生活，他也絕不會容易染患任何疾病，除非可能偶然起因於他身體的病態構造和組織。還必須承認，無論我們從哪裡偏離這種平等，我們就從窮人那裡剝奪較之於我們所加予富人的更多的滿足；一個人的某種無聊的虛榮心（vanity）的輕微的滿足，其耗費往往比許多家庭甚至一個地方的糧食更多。此外還可能看來，平等這一規則，由於它將是非常**有用的**，因而並不是完全**不可行的**，而是已經出現過，至少在某種不完全的程度上，在某些共和國，特別是斯巴達共和國，據說，在斯巴達它產生了最有益的結果。更不用說，羅馬經常要求的、希臘許多城邦實施的土地法，它們全都發端於關於這條原則的效用的一般的觀念。

但是歷史學家而且甚至常識就可以告訴我們，不論這些關於**完全**平等的觀念可能看起來多麼貌似有理，它們其實在根本上都是**不可行的**；它們若非如此，就會對人類社會是極端**有害的**。假使占有物從來是如此平等，人們的技藝、關懷和勤奮的程度的差異將立即打破這種平等。或者假使你們抑制這些德性，你們將使社會淪爲最極端貧困的境地，不是防止一些人免於匱乏和乞討，而是使之變成整個社會不可避免的現象。爲了監視每一種不平等的開端的出現，最嚴厲的審查也不可缺少；而爲了懲罰和糾正這種不平等，最嚴格的司法管轄也必不可少。但是且不論如此高度的權威必定立即蛻變爲專制並必定受到極其偏私的運用，在諸如這裡所假定的這樣一種境況中，誰或可擁有這樣的權威？占有物的完全平等，由於摧毀一切隸屬關係，就極端削弱執政當局的權威，必定把一切權力或力量像所有權一樣拉到近乎同一個水準。

因此我們可以推斷，爲了確立規範所有權的法律，我們必須瞭解人性和境況，必須摒棄各種雖然貌似有理但卻可能虛妄不實的假象，必須尋求那些總體看來最**有用的**和**有益的**規則；只要人們沒有向過於自私的渴望或過於廣博的熱情讓步，普通的感覺和些許的經驗就足以實現這個目的。

例如，誰不明白，凡是一個人憑技藝或勤奮所創造或改進的東西都應當保證永遠爲他所擁有，以便鼓勵如此有用的習慣和才藝？誰不明白，爲了同一個**有用的**目的，這一所有權也應當被傳給子嗣和親屬？誰不明白，透過同意，這一所有權還可以轉讓，以便產生對人類社會非常**有益的**商業和交流？誰又不明白，一切契約和承諾都應當認眞履行，以便保證人類的一般的**利益**藉以獲得極大的相互信任和信賴？

考察一下那些探討自然法的作者們，你們將不難發現，不論他們從什麼原則出發，他們最後都一定在這裡終止，一定將人類的便利和必需性（necessity）作爲他們所確立的每一條規則的終極理由。與各種體系相對立而作出一種讓步，較之於實施各種體系時而作出這種讓步，有著更大的權威性。

實際上，對於爲什麼這必須是我的、那必須是你的，既然未受教化的本性確實從未作出任何這樣的區別，這些作者們還能給出其他的理由嗎？獲得這些名稱的那些對象，它們是與我們完全不相聯結（association）而相分離的，惟獨社會的一般的利益才能形成這種聯繫。

有時在特定的情況下，社會的利益可能要求正義的規則，但不能在幾條全都同等有益的規則中規定任何特定的規則。在這種情況下，就要緊扣最細微的**類比**，以防止將是無盡無休的紛爭之源的不分軒輊和模棱兩可。因而，當別無他人提出任何在先的主張和要求時，唯有占有而且首先占有才應當轉讓所有權。律師們的推理許多都具有這種類比的性質，都依賴於想像力的十分細微的聯繫。

在特殊情況下，任何一個人都要顧忌侵犯對於私人所有權的完全尊重，和爲了公共的利益，而犧牲那爲了公共的利益而確立的區別嗎？民族的安全是至高無上的法律；一切其他特定的法律都隸屬於它、依賴於它；如果在事物的一**般**進程中，這些特定的法律受到遵循和尊重，那只是因爲公共的安全和利益**通常**要求如此平等和公正的一種管理。

有時**效用**和**類比**兩者都失去效力，並使正義的法則陷入澈底的不確定性中。因而，相當不可缺少的是，應當由時效和長期占有來轉讓所有權；但是應當需要多少天？多少月？或多少年？方滿足這個目的，只憑理性是不可能規定的。在這裡，**民法**（civil-law）就填補自然**法典**的位置，依照立法者所提議的不同的**效用**而派定不同的期限。根據大多數國家的法律，匯票和期票在期限上短於債券、抵押契據和更正式的契約。

總之，我們可以觀察到，一切關於所有權的問題全都服從於民法的權威，民法依照各個社會特定的**便利**擴展、限制、修改和變更自然正義的規則。這些法律與各個社會的政治制度、習俗（custom）、氣候、宗教、商業、境況都有或應當有一種恆常的關聯。最近一位天才而博學的作者對這個主題進行了詳細的研究，並根據這些原則建立了一個政治知識體系，這個體系充滿富有創見的卓越思想，而且不乏穩固可靠性。⑦

「什麼是一個人的所有權？」無非是由他，而且唯獨由他使用才是合法的事物。「但是我們可以依循什麼規則識別出這些對象？」在這裡，我們必須訴諸成文法、習俗、先例（precedent）、類比以及許多其他的因素，它們有些是恆常和固定不變的，有些是可變和任意的。但是它們全都公開表明它們的終極目的是人類社會的利益和幸福。如果不考慮這一點，則再沒有什麼能比關於正義或所有權的所有或大部分的法律看起來是更古怪、更不自然、甚至更迷信（superstition）的。

那些嘲笑粗俗迷信、揭露特別注重飲食起居、穿著打扮之愚蠢的人毋須花費什麼氣力，當他們考慮這些對象的所有性質和關係，而不能發現那樣強有力地影響相當大一部分人類的那種好感和厭惡、敬畏或恐懼的適當原因時。敘利亞人寧願餓死也不吃鴿子，埃及人不吃鹹豬肉；但是這些食物如果用視覺、嗅覺或味覺等感官加以檢驗，或者用化學、醫學或物理學等科學加以研究，在它們和任何其他種類的食物之間將找不出任何差異，也不能選定那可以爲這種宗教激情提供合理基礎的確切因素。家禽在星期四是合法的食物，在星期五卻是可惡的；大齋期間在這一家和在這一教區食用雞蛋是容許的，在百步開外卻是一件該詛咒的罪惡。這塊地或這幢建築昨天是褻瀆神靈的，今天透過念叨一定語詞卻變成聖潔的和神聖的。人們可以滿有把握地說，諸如這些出自哲學家之口的反思是太明顯的、不具有任何影響力，因爲它們必定總是每個人乍看到就出現的，而在它們沒有自發流行起來的地方，它們一定是受教育、偏見和激情所阻礙，而不是受愚昧無知或誤解（mistake）所阻礙的。

看來可能有一種粗疏的看法或者寧可說一種太不經心的反思，認爲有一種類似的迷信進入了對於正義的所有情感中，如果一個人讓正義的對象或我們稱之爲所有權的東西，面臨感官和科學的同樣檢驗，他透過最精確的研究也不會爲道德情感所造成的差異找到任何基礎。我可以合法地由這棵樹來滋養我自己；但十步開外另一棵同樣種類的樹上的果實，我碰一碰就是犯罪。如果一小時以前我穿上這件衣服，我理應受到最嚴厲的懲罰；但一個人透過發出一些富有魔力的音節，現在就使它適合於我的用途和服務。如果這幢房屋位於鄰人的領地，我居住它就是不道德的；但如果它建築在河的此岸，它就隸屬於另一種不同的國內法，而我將它變成我的，則不招致任何譴責或非難。有人可能認爲，那非常成功地揭露了迷信的同一個推理也可以適用於正義，從正義的對象中指出正義這一情感賴以爲基礎的那個確切的特質或因素，也並不比從迷信的對象中指出迷信這一情感賴以爲基礎的那個確切的特質或因素具有更大的可能性。

但是在迷信和正義之間存在這種實質性的差異，即，前者是無聊、無用和累贅的，後者是人類的福利和社會的實存絕對不可缺少的。當我們抽掉這個因素時（因爲它是太明顯而絕不可能被忽略的），必須承認，所有對於權利和所有權的尊重就似乎是完全沒有基礎的，正如最粗鄙和最粗俗的迷信那樣。如果我們毫不關心社會的利益，我們就不可理解爲什麼另一個人清晰發出的一定的蘊含著同意的聲音竟會改變我對於某個特定對象的行動的性質，正如不可理解爲什麼一個牧師以一定的習慣和姿勢做出的一次禮拜吟誦竟會奉獻一堆磚木，並使之自那以後直至永遠都是神聖的一樣。⑧

這些反思絕沒有削弱正義的責任，或者說絕沒有減少所給予所有權的任何最神聖的注意。相反，這些情感必定從目前這個推論中獲得新的力量。因爲對於任何一種義務，除了觀察到倘若它不確立，人類社會甚至人類本性就不能存續，而給予它的尊重愈不可侵犯，人類社會甚至人類本性就將達到愈大程度的幸福和完滿，我們還能爲之欲求或設想什麼更穩固的基礎呢？

⑨這個兩難困境似乎是顯而易見的：由於正義明顯地趨向於促進公共效用和維持公民社會，因而正義這一情感或者導源於我們對這一趨向的反思，或者像饑渴和其他喜好、怨恨、對生命的熱愛、對子女的眷戀以及其他激情那樣起源於大自然，爲了同樣有益的目的而在人類胸懷中植入的一種簡單的原始的（original）本能（instinct）。倘若後者乃是事實，結論就是，所有權，亦即正義的對象，也是由一種簡單的原始的本能來區分，而非由任何論證或反思來辨明的。但是有誰曾聽說過這樣一種本能？或者難道這是一個能夠作出新發現的主題嗎？我們最好還是期望在我們身體中發現一些從前逃過了所有人類的觀察的新官能。

但是更進一步地，大自然透過一種本能性的情感來區分所有權，儘管這似乎是一個十分簡單的命題，然而實際上我們將發現，為了那個目的，要求有上萬種不同的本能，而且這些本能還要被運用於各種最複雜和最難辨識的對象上。因為當我們要求一個關於所有權的定義時，我們發現，那種關係自身分解成透過占領、勤勞、時效、繼承、契約等等而獲得的任何一種占有物。我們能設想大自然透過一種原始的本能而教給我們所有這些獲得方法嗎？

繼承和契約這些語詞也意味著無限複雜的觀念，要準確地界定它們，成百卷的法律、上千卷的詮釋都不夠。難道在人身上植入全都如此簡單的本能的大自然，包括如此複雜和精巧的對象，並創造出一個有理性的被造物而又不將任何事物信託於其理性去處理嗎？

但是即使我們承認所有這一切，它也不會是令人滿意的。實證法當然可以轉移所有權。難道正是透過另一種原始的本能，我們才承認國王和議會的權威，並標明他們的許可權的所有界線嗎？對於法官們，即使他們的判決是錯誤和非法的，為了和平和秩序，他們也必須被承認具有決定的權威，最終規定所有權。難道我們有關於法官、大法官和陪審團的原始的天賦的觀念嗎？誰看不出所有這些制度都單純起源於人類社會的必需性呢？

一切相同種類的鳥在所有時代和國度都將它們的巢築成相同的；在此我們看出本能的力量。不同時代和地方的人們都將他們的屋建成不同的；在此我們知覺理性和習俗的影響。透過比較生殖本能和所有權制度，我們可以得出同樣的推斷。

必須承認，不論國內法的變化多麼巨大，它們的主要框架都是相當規範地共同發生作用的，因為它們所要達到的目的到處都是相似的。同樣，凡房屋皆有頂、有壁、有窗、有囪，儘管其形狀、外觀和材料不盡相同。後者（房屋）的目的以人類生活的便利爲指向，明顯地從理性和反思中發現它們的起源，那些全都指向一個相同的目標的前者（國內法）的目的，與後者的目的完全同樣明顯地從理性和反思中發現它們的起源。

我不必提及所有權的各種規則由於想像力的較微妙的傾向和聯結、由於法律論題和推理的玄奧和抽象而發生的各種變化。在這樣一種觀察和原始本能這個概念之間沒有任何調和的可能性。

對於我所堅持的理論，將爲它招來懷疑的惟獨是教育和後天獲得的習慣的影響，由於這種影響，我們如此習慣於譴責不正義，以致我們並不是在每一個事例中都自覺去立即反思它的有害的後果。正是由於這個原因，我們才容易視若無睹，同樣才容易積習而因循，而不是在每一個場合都回想那曾第一次規定過我們的反思。導向正義的那種便利或者寧可說那種必需性，是如此普遍，處處都如此指向同一些規則，以致這種習慣出現在所有社會中；不經過某種詳細的研究，我們就無法確斷它的眞正的起源。然而，事情也不是那樣晦暗不明，而是甚至在日常生活中我們時時刻刻都在訴諸公共的效用這條原則，並且問著「如果這樣的做法盛行，世界還能成其爲世界？社會怎能在這樣混亂的狀況下生存？」如果占有物的區別或劃分是完全無用的，任何人竟能設想出它應當通行於社會嗎？

因此，整體（whole）而言，我們似乎已經認識到這裡所堅持的這條原則的力量，能夠確定對公共利益和效用的反思可以產生什麼程度的敬重或道德讚許。正義對於維持社會的必需性是正義這一德性的唯一基礎；既然沒有什麼道德優點是更加受敬重的，因此我們可以推斷，一般而言，有用性這個因素具有最強大的效能（energy），最能完全控制我們的情感。因此，它必定是相當大一部分可歸於人道、仁愛、友誼、公共精神以及其他這類社會性的德性其價值的本源，正如它是給予忠實（fidelity）、正義、誠實、正直以及其他那些可敬的和有用的特質和原則的道德讚許的唯一本源一樣。任何一條原則一經發現在某個事例中具有某種巨大的力量和效能，將所有相似事例與之相同的效能就都歸之於它，不僅完全合乎哲學的規則，而且甚至合乎日常理性的規則。這其實就是牛頓進行哲學推理的主要規則。⑩

【注釋】

① 《創世記》，第十三章和第二十一章。

② 公共性的戰爭（public war）在本書中或許還具有與私人性的戰爭（private war）和體育性的戰爭（sportive war）相對應的意義。——譯者注

③ 薩圖爾努斯，古羅馬神話中的農神，相傳爲黃金時代的統治者。——譯者注

④ 關於自然狀態作爲一種戰爭狀態的這種虛構，並非像一般想像的那樣是由霍布斯先生最先提出的。柏拉圖在《論國家》（*de Republica*）第二、三和四卷中就曾努力反駁一個與它十分相似的假設。反之，西塞羅在下面這段話中則將它假定爲確定無疑的和普遍公認的。*「Quis enim vestrum, judices, ignorat, ita naturam rerum tulisse, ut quodam tempore homines, nondum neque naturali neque civili jure descripto, fusi per agros ac dispersi vagarentur tantumque haberent quantum manu ac viribus, per caedem ac vulnera, aut eripere aut retinere potuissent? Qui igitur primi virtute & consilio praestanti extiterunt, ii perspecto genere humanae docilitatis atque ingenii, dissipatos unum in locum congregarunt, eosque ex feritate illa ad justitiam ac mansuetudinem transduxerunt. Tum res ad communem utilitatem, quas publicas appellamus, tum conventicula hominum, quae postea civitates nominatae sunt, tum domicilia conjuncta, quas urbes dicamus, invento & divino & humano jure, moenibus sepserunt. Atque inter hanc vitam, perpolitam humanitate, & illam immanem, nihil tam interest quam JUS atque VIS. Horum utro uti nolimus, altero est utendum. Vim volumus extingui. Jus valeat necesse est, id est, judicia, quibus omne jus continetur. Judicia displicent, aut nulla sunt. Vis dominetur necesse est. Haec vident omnes.」*Pro Sext.* §. 42.（「各位法官，你們誰不懂得這樣揭示事物的本性，即在人們既沒有確立自然法、也沒有制定民法（civil-law）而在原野上四處漫遊的那個時期，他們所擁有的也就是憑藉雙手和力量、透過殺戮和摧殘所能掠奪和生存的呢？因此，那些在德性和謀略方面出類拔萃的人，透過洞察人類敏捷和聰穎特徵，把分散的人們聚集於一處，使他們脫離野蠻而變得公正和馴良。不僅對我們稱之爲公共的那種共同效用的事物，而且對我們後來稱之爲國家的人群集團、對我們稱之爲城市的毗連居所，他們都用創制法、神法、人治以及城牆保護起來。而在這種文雅的生活與那種粗野的生活之間，最大的分別莫過於**法律**與**力量**。對於這兩者，我們若不接受其一就必須採納另一者。我們希望廢除力量，法律就必須健全，就是說，審判應當限於整個法律。審判無法令人滿意或根本沒有審判，力量就必然發揮支配作用。這是大家有目共睹的。」《爲塞克斯都辯》§.42.）

*按照《休謨哲學著作集》，在第一版中這裡有這樣一句話：「這段話是我爲這些論證而將援引的唯一權威，在這裡既不是仿效普芬多夫（Puffendorf），甚至也不是仿效把奧維德或普勞圖斯（Plautus）或佩特羅尼烏斯（Petronius）的詩文，當作一切道德眞理的必要保證的格老修斯的榜樣，或爲了這同一個目的而總是不斷求助於希伯萊和阿拉伯作家的沃拉斯頓先生（Mr. Woollaston）的榜樣。」

⑤ 此句原文是：Dominion is founded on grace, saints alone inherit the earth。——譯者注

⑥ 亦譯作推事。——譯者注

⑦《論法的精神》（*L'Esprit des Loix*）的作者。然而，這位傑出的作者是從一種不同的理論出發的，而且假設一切權利都建立在一定的**聯繫**（rapports）或關係的基礎上；依我之見，這是一個絕不會與眞正的哲學相一致的體系。就我所知，馬勒伯朗士神父是最先提出這種抽象的道德理論的人，這種理論後來爲卡德沃斯、克拉克和其他一些人所採納；由於這種理論排除所有情感，自命將一切都建立在理性的基礎上，因而它在這個哲學的時代不乏追隨者。見第一章和附錄一。關於正義，即這裡正在探討的這種德性，反駁這種理論的推論似乎是簡短而結論性的。所有權被承認依賴於民法，民法被承認除了社會利益別無目的，因此社會利益必須被承認是所有權和正義的唯一基礎。更不用說，我們服從裁判官及其法律，這項責任本身除了社會利益之外別無基礎。

如果正義的觀念有時與民法的意向相左，我們將發現，這些情況不是對上述這種理論的反對，而是對它的證實。一條民法若如此違背常理，以致阻礙一切社會利益，它就失去全部權威，人們則根據與那些社會利益相一致的自然正義的觀念而進行判斷。有時爲了有用的目的，民法也要求一種立約的儀式或形式；如果缺少這

種儀式或形式，民法的判決（decision）就與正義的通常要旨相背馳；但是一個利用這種詭計的人通常不被視爲一個誠實的人。因而，社會利益要求契約應當受到履行，而且不論在自然正義中或在公民正義中都沒有比這一要求更具實質性的條款；但是忽略一個微不足道的因素，往往在法律上使一個契約 in foro humano（從世俗上來說），而非像牧師們所說的那樣 in foro conscientiae（從良心〔conscience〕上來說）無效。在這些情況下，裁判官只應當收回他施行這種權利的權力，而不應當變更這種權利。在他的意圖擴及這種權利並與社會利益相一致時，要變更這種權利是絕不會失敗的；這是對前面所認定的正義的起源和所有權的起源清楚的證明。

⑧顯然，單憑意願或同意絕不能轉移所有權，也絕不能引起對許諾（promise）的責任（因爲同一個推理可以擴展適用於這兩者），但是爲了約束人，意願必須透過話語（words）或符號（signs）表達出來。這種表達一旦作爲意願的輔件被引入，就立即變成承諾的主體；也沒有人不願受自己的話語所約束，儘管他暗自以一種不同的指引表達他的意圖，並收回他的心靈的同意。但是，雖然這種表達在大多數場合構成承諾的全部，然而並非總是如此；一個利用某種他不知其意義，且使用時也不明其後果的表達的人，肯定不會受這種表達所約束。不但如此，儘管他知道其意義，然而如果他只是用它來開玩笑，並以非常明顯的符號來表示他沒有打算約束自己，也不會承擔任何履行的責任；但是當沒有任何相反的符號時，那些話語則必然是意願的完整表達。不但如此，甚至我們不必將此推到那樣遙遠，以至於想像，根據我們敏捷的知性從一定符號猜測出其有欺騙意向的一個人，是不受其表達或口頭承諾約束的，倘若我們接受它的話；我們只需將這個結論限制在這些情況下，即那些符號與欺騙的符號有不同的性質。所有這些矛盾，如果正義完全起源於它對社會的有用

性，都將容易得到說明；而根據任何其他的假設，都將絕不能得到解釋。

值得注意的是，**耶穌會士**和其他隨心所欲的詭辯家的道德決定，通常是在從事諸如這裡指出的那種玄奧的推論中形成的，它們出自經院派式的咬文嚼字的習慣與出自他們內心的任何腐敗一樣多，如果我們可以遵從培爾先生的權威的話。見他的《辭典》「羅耀拉」條。（按：培爾，Pierre Bayle，一六四七—一七〇六年，這裡的《辭典》系指其《歷史批判辭典》一六九五—一六九七；羅耀拉，Loyola，一四九一—一五五六年，耶穌會創始人。——譯者）

爲什麼人類對這些詭辯家有著那樣高度的義憤，難道不是因爲人人都察覺到，如果這樣的做法得到認可，人類社會就不能生存，都察覺到道德必須始終著眼於公共的利益而非哲學的一致性而加以探討嗎？如果每一個理智健全的人都認爲對意圖的暗自指引能使契約失去效力，我們的安全何在？然而一個經院哲學家可能認爲，當一個意圖應當是必不可少的時候，如果這個意圖其實並沒有出現，則就沒有後果應當發生，沒有責任應當被加予。這種詭辯家式的玄奧可能不比上述提到的律師式的玄奧更嚴重，但由於前者是**有害的**，後者是**無害的**甚至**必需的**，這就是它們之受世人完全不同對待的理由。

羅馬教會的一條教義認爲，牧師透過對其意圖的暗自導向可以使任何誓言無效。這種見解導源於對以下這條明顯眞理的嚴格而又規範的實行，即：空洞的話語，如果在說話者那裡沒有任何意義或意圖，單獨是絕不能產生任何結果。如果這同一個結論在關於公民契約——那裡的事務被承認遠沒有眾生的永恆得救重要——的推理中沒有得到承認，則完全因爲人們對羅馬教會的那條教義感到危險和不便；我們由此可以觀察到，任何迷信，不論可能顯得多麼絕對、多麼傲慢、多麼武斷，都絕不能傳達出關於其對象的實在性的任何有徹底說服力的信念（belief），或將這些對象與我們從日常觀察和實驗推理中所獲知的日常生活事件在任何程度上等量齊觀。（《休謨哲學著作集》注：最後這個自然段在第一版中闕如。）

⑨ 《休謨哲學著作集》注：由此以下直到本章結尾，第一版闕如。

⑩ Principia, Lib. iii.（牛頓：《自然哲學之數學原理》，卷三。）

第四章　論政治社會

假如人人都有充足的**睿智**（sagacity），時時知覺那種約束他遵奉正義和公道的強大的利益，**心靈**都有足夠**的力量**堅定不移地堅持一般的和長遠的利益，以抵禦當前的快樂和好處的誘惑；在那種情況下，就絕不會有任何諸如政府或政治社會之類的事物，而每個人則順乎其天賦的自由，與所有其他人完全和平與和諧地生活在一起。在自然的正義自行就是一種充分的約束力的地方，需要什麼成文法呢？在從未出現任何混亂或不公的地方，爲什麼設置裁判官呢？當天賦的自由在任何場合的最大限度的發揮都被發現是無害和有益的，爲什麼要剝奪它呢？很顯然，如果政府是完全無用的，它就絕不可能產生，**忠誠**（allegiance）這項義務的唯一基礎就是它透過維持人類的和平和秩序而爲社會所爭得的**好處**。

當眾多的政治社會建立起來，並一起保持廣泛的交流時，一套新的規則就立即被發現是在那種特定的境況中**有用的**，於是相應地便以**國際法**之名而出現。屬於此類的規則有：使節人格的神聖不可侵犯、禁止有毒武器、寬待戰俘以及其他明顯出於爲諸邦國和王國在相互交流中的**好處**而算計的規則。

正義的種種規則，正如在個人之間所盛行那樣，在各個政治社會之間也不完全是一紙空文。君王們全都自稱尊重其他君王的權利，無疑他們中有些人並不僞善。獨立國家之間日日都在建立聯盟、締結條約，如果根據經驗發現這些聯盟和條約並沒有**某種**效力和權威，它們就不過是大量浪費羊皮紙而已。但是王國與個人之間的差異正在於此。沒有個人之間的聯結，人性絕不可能存續；而不尊重公道和正義的法則，個人之間的聯結又絕不可能發生。混亂、騷動，人與人之間的戰爭，就是那樣一種無視法則的行爲的必然後果。但是國家沒有交流卻能維持其生存。它們甚至在某種程度上可以維持生存於一種全面的（general）戰爭狀態之下。遵奉正義，雖然在它們之間是有用的，卻並不受個人之間那般強烈的必需性所維護；其**道義責任**與其**有用性**保持正比。倘若嚴格遵守它就會在相當大程度上有損締盟雙方的話，所有政治家以及大多數哲學家都將准許在特定的緊急關頭，爲國家故可以廢除正義的規則，使任何條約或聯盟失去其效力。但是他們承認，唯有最極端的必需性能夠爲個人的毀約或其對他人財產的侵犯辯護。

在同盟性質的共和國諸如古代的阿開亞共和國①或現代的瑞士聯省共和國②中，由於同盟在此具有一種特別的**效用**，結盟條款就具有一種特別的神聖和權威性，違背這些條款就被視爲絲毫不亞於任何私人的傷害或不正義，甚至比之更罪大惡重。

人的漫長而無依無靠的幼年，要求父母雙親爲了其幼兒的生存而相結合，這種結合要求貞潔（chastity）或忠實於婚姻這種德性。人們將容易承認，沒有這樣一種**效用**，這樣一種德性就絕不會被人們所想到。③

在這方面，女人的不忠是比男人的不忠更有害的。因而貞潔的法律對女性比對男性是更嚴格的。

這些規則全都和生育有關；可是超過育齡的婦女較之於那些青春美貌正處花樣年華的少女，毫不被認爲是這些規則所豁免的。一般的規則常常被擴展到超出於它們最初由以產生的那條原則；這在一切趣味和情感問題上都有發生。巴黎有一個流行的傳說：在密西西比④暴漲期間，一個駝背的人每天都到證券交易者雲集的堪康布瓦街（Rue de Quincempoix），讓他們以其駝背作書案簽署契約，自己因此獲酬甚豐。儘管必須承認，個人的美很大程度上來自關於效用的觀念，但是他透過這一權宜之策所增加的財富（riches）能使他變得英俊漂亮嗎？想像力是受觀念的聯結影響的；這些聯結雖然最初產生於判斷力，卻並不容易被我們眼前出現的每一個特定的例外所改變。在此貞潔事例中，我們可以補充說，老人的榜樣會有害於青年，女人在不斷預見一定時期也許會給她們帶來放縱的自由時，將自然地促進那個時期的到來，並更加輕率地看待這一如此爲社會所必不可少的整個義務。

那些生活在同一家庭裡的人具有如此頻繁的這類放縱的機會，以致只要法律和習俗在這些最親近的關係中允許婚配或認可他們之間任何交合，那就再沒有什麼能夠維持純潔的作風。因此，**亂倫**由於是高度**有害的**，也就被賦予一種高度的墮落和道德的醜陋。

根據雅典的法律，男子可以娶同父異母的姊妹爲妻，但不能娶同母異父的姊妹爲妻，理由何在？顯然在於，雅典人的作風是如此保守拘謹，以致男人絕不許接近女人的房間，即使在同一家庭裡，除非拜見自己的母親。繼母和繼母的女兒完全如同任何其他家庭的女人一樣被隔離開來，他也同樣少有任何與她們通姦的危險。由於相同的理由，在雅典，叔父和侄女可以結婚；而在兩性交往更加開放的羅馬，不但叔父和侄女之間，⑤甚至同父異母或同母異父的兄弟姊妹之間，都不能締結婚姻。公共的效用是所有這些變化的原因。

為了損害一個人而將他私人談話中無意洩露的任何事情宣揚出去，或對他的私人信件作任何利用，是受嚴厲譴責的。在這樣一些忠實的規則沒有確立起來的地方，心靈之間自由的和社會性的交往必定受到極大妨礙。

甚至在複述我們能夠預見其沒有惡劣後果的故事時說出故事的作者，也被視為一件不審慎的事，如若不被視為一件不道德的事的話。這些故事經過一道道傳播和通常的改變，經常轉向有關當事人，從而在那些意圖最單純、最無冒犯性的人們當中引起怨恨和爭吵。

刺探祕密、拆閱他人的信件、竊聽他人的談話、窺察他人的表情、跟蹤他人的行動，在社會中還有什麼更不便的習慣嗎？相應地，還有什麼更可譴責的習慣嗎？

這條原則也是良好作風的大多數法則的基礎，良好作風是為交際和談話的舒適而算計的一種較小的道德性。禮數過多和過少都是受責備的，一切促進舒適而不失禮節的東西都是有用和可稱許的。

對友誼、依戀和親暱保持堅貞是值得稱頌的，也是維持社會中的信賴和良好交往不可缺少的。但是在人們為了追求健康和快樂，而不分男女老少地聚集起來而不拘禮儀的聚會場合，公共的便利就免除這一準則，習俗就在那裡透過放縱對每一個不感興趣的熟人置而不理的特權，暫時地促進一種無拘無束的交往，而不破壞禮儀或良好作風。

甚至建立在最不道德、對一般社會的利益最具毀滅性的原則之上的那些社會，其中也需要一定的規則，它們既透過私人利益也透過虛假榮譽而約束每一個成員去遵奉。人們經常注意到，匪寇和海盜如果不在其內部建立一種新的分配正義，不恢復他們對其餘人類已經侵犯的那些公道法則，就不可能維持他們的有害的聯盟。

希臘格言云：我討厭那種什麼都掛在心上的酒伴。上一次放蕩的愚行應當永遠拋在腦後，以便爲下一次放蕩的愚行留下充分的地盤。

在有些民族中，一件不道德的風流韻事，如果披上一層神祕的薄紗，在某種程度上就被習俗所認可，在那裡隨即就出現一套爲這種戀情方便算計的規則。從前普羅旺斯的著名的愛情法庭或法院裁決所有這種性質的疑難案件。

在娛樂社會中，有許多爲比賽所要求的法則，而且賽事不同，法則各異。我認爲，這樣的社會基礎是輕浮的，在很大程度上，儘管不是完全地，其法則是變化不定和任意的。就此而論，在這些法則與正義、忠實和忠誠那些規則之間存在一種實質性的差異。人們的一般社會是人類種族生存必不可缺少的，規範道德的那種公共的便利不可動搖地建立在人的本性，和人生活於其中的世界的本性中。因此，對這兩方面的比較是很不完善的。從這個比較中我們只能懂得，不論人們相互之間在哪裡發生交流，規則都是必需的。沒有規則，人們甚至不能在道路上相互通過。趕大車的人、載客的馬車夫和小馬車馭手，有一套他們自己相互讓道的原則；這些原則主要基於相互的舒適和便利。有時它們也是任意的，至少像律師們的許多推理一樣依賴於一種任性的類比。⑥

爲把這個問題更推進一步，我們還可以觀察到，沒有法規、準則和關於正義和榮譽的觀念，人們甚至連相互殘殺也不可能。戰爭與和平一樣有其自身的法則；即便摔跤手、拳擊手、鬥棍士、鬥劍士們所進行的體育性的競爭，也都是受確定的原則所規範的。共同的利益和效用在這些當事各方之間可靠無誤地形成一種正當和不正當的標準。

【注釋】

① 古希臘西元前三世紀時由十個阿開亞城邦建立的聯盟組織。——譯者注

② 十六世紀以來由十三個州（省）、十個附屬地區形成的鬆散的瑞士聯盟體制，名義上屬於神聖羅馬帝國。——譯者注

③ 柏拉圖對所有那些可能反對他在其想像的共和國中建立共妻制的人所提出的唯一解釋是：Καλλιστα γαρ δη τουτο και λεγεται και λελεξεται, οτι το μεν ωφελιμον καλον, το δε βλαβερον αισχρον. *Scite enim istud et dicitur et dicetur, Id quod utile sit honestum esse, quod autem inutile sit turpe esse.* De Rep. lib. v, p. 457. ex edit. Ser.（拉丁文與希臘文同義：「須知『有用的則美，有害的則醜』這句話現在是名言，將來也是名言。」《理想國》，卷五，第四五七頁，引自 Serranus 版。〔參見漢譯本，郭斌和、張竹明譯，商務印書館一九八六年版，第一九〇頁。〕）就公共的效用——柏拉圖所指正是此意——而論，這條格言不容懷疑。事實上，一切關於貞潔和端莊（modesty）的觀念難道還有什麼別的旨趣嗎？斐德羅說：Nisi utile est quod facimus, frustra est gloria.（「除非我們所做的是有用的，否則努力便是徒勞。」《伊索寓言》，卷三。）普魯塔克在 *de vitioso pudore*《論僞端莊》中說：Καλον των βλαβερων ουδεν. Nihil eorum quae damnosa sunt, pulchrum est.（拉丁文與希臘文同義：「有害的事物無一為美。」）斯多亞派的觀點也是這樣。Φασιν ουν οι Στωικοι αγαθον ειναι ωφελειαν η ουχ ετεραν ωφελεια, ωφελειαν μεν λεγοντε την αρετην και την σπουδαιαν πραξιν.（「斯多亞派的人講，善即有用，或者說不是別的形式的有用，而是德性和美好的行為。」）Sext. Emp.（Selby Bigge 版誤為 Sept. Emp.）lib. iii. cap. 20.（塞克斯都．恩披里珂：《皮浪主義綱要》，卷三，第二十章。）

④「密西西比」是指蘇格蘭人、貨幣改革家約翰．勞（John Law，一六七一—一七二九年）在法國創辦的「西方公司」（後改名「印度公司」）所發行的股票，它旨在實施開發法屬北美密西西比河流域遼闊領地的計畫。由於傳來路易斯安那發現大量黃金和白銀的消息，該股票很快成為人們爭相搶購的熱門貨。在一七一九—一七二〇年間的短短幾個月內，每股本金僅五百鋰的股票賣到一萬八千鋰，增長近三十六倍。這種投機活動不久便導致公司垮臺，國家銀行倒閉。——譯者注

⑤休謨這裡的說法並不準確。在古羅馬，最初的確沒有叔父和侄女通婚的習俗和先例，但後來為了解決克勞狄烏斯皇帝與其侄女阿格里披娜結婚之事，元老院公布了一項法令，宣布叔父和侄女之間的婚姻合法。這種方式的婚姻後來亦有人仿效。參見塔西佗：《編年史》，卷十二。——譯者注

⑥輕型車讓於重型車，在同型車輛中空車讓於負載的車；這條規則基於便利。入都者不為出都者讓道；這似乎基於某種關於這個偉大城市的尊嚴的觀念和某種關於未來優先於過去的觀念。根據類似的理由，在步行者當中，右側行走使人有資格走好路，並防止令平和的人們覺得非常不快和不便的擠撞。

第五章　效用爲什麼使人快樂

第一節

把我們對社會性的德性的稱讚歸因於它們的效用，這似乎是如此自然的想法，以致人們會期望在道德作家們那裡到處看見這條原則，作為他們推理和探究的主要基礎。在日常生活中，我們可以觀察到，效用這個因素總是被求助著；我們也可以設想，所能給予任何一個人的最偉大的頌揚，莫過於展示他對公眾的有用性，列舉他對人類和社會作出的貢獻。甚至一種無生命的（inanimate）形式，如果其各部分的規則性和優雅性並不破壞其對任何有用的目的的適合性，將受到何等稱讚！任何失調的比例或醜陋的外表，如果我們能夠表明這個特定的構造對我們所意向的用途的必需性，為它辯護又將是何等令人滿意！對於一位藝術家或一個善於航海的人，一艘船，船頭比船尾寬闊高大，較之於如果被精確地按照幾何學的規則、違背力學的一切法則而建造出來，將顯得更美。一幢建築物，如果其門窗是精確的正方形，將由於那種比例而傷害人的眼睛，因為它不完全適合於所意圖服務的人類被造物的形象。於是，一個其習慣和行為於社會有害、於每一個與他有交往的人有危險或危害的人，應當因此而成為責難的對象，並傳達最強烈的厭惡和憎恨的情感給每一位旁觀者，有什麼奇怪的呢？①

但是或許在說明有用性或其反面的這些結果方面的困難，一直迫使哲學家們拒絕將它們納入他們的倫理學體系中，而且誘使他們在解釋道德的善和惡的起源時，寧可運用任何其他的原則。但是對於任何一條被經驗所證實的原則，我們不能對它的起源給予令人滿意的說明，也不能將它分解成其他更一般的原則，並不是對它加以拒絕的正當理由。如果我們想要對目前這個主題思考一番，我們就必須完全說明效用的影響，並將這種影響從人類本性中最著名、最公認的原則推演出來。

根據社會性的德性這種顯而易見的有用性，古代的和現代的懷疑主義者都毫不費力地推斷，一切道德區別都起源於教育，是透過政治家們的詭計首先發明出來、而後鼓勵起來的，爲的是馴服和抑制那種使他們無法適應於社會的、天然的（natural）殘暴和自私性。必須承認，訓導和教育這條原則具有極其強大的影響力，它常常可以凌駕於他們的自然標準之上，而增進或減弱他們讚許或厭惡的情感，而且在特定事例中甚至可以毋須任何自然原則，就創造一種新的性質的情感，這在一切迷信活動和儀式中都是顯而易見的；但是，說一切道德的好感或厭惡都產生於這個起源，卻一定不會被任何一個明智的探究者所承認。如果大自然沒有基於心靈的原始構造而作出任何這樣的區別，那麼「光榮的」和「恥辱的」、「可愛的」和「可憎的」、「高尚的」和「卑鄙的」這些詞語就絕不會出現在任何一種語言中；如果政治家們發明了這些術語，他們也絕不可能使它們被理解或傳達給聽眾任何觀念。因此，再沒有什麼是比懷疑主義者的這一不通之論更膚淺的；如果在邏輯學和形而上學（metaphysics）這些較玄奧的研究中，我們也能像在政治學和道德學這些實踐性和較淺顯的科學中一樣容易地消除這個學派的吹毛求疵，那就好了。

因此，必須承認，社會性的德性具有一種自然的美和親切，這種自然的美和親切最初先於一切訓導或教育，把這些社會性的德性推薦給未受教化的人類的敬重，並博得他們的好感。由於這些社會性的德性其公共效用是它們衍生出價值的主要因素，因而，它們所趨向於促進的目的必定是某種令我們感到愉快的方式，必定抓住我們的某種自然的感情。這個目的必定或者出於對自我利益（self-interest）的考慮，或者出於更慷慨的動機和考慮而使人快樂。

人們經常斷言，由於人人都與社會有著牢固的聯繫，都察覺到自己不可能獨自生存，因此，他們才變得贊成所有那些促進社會秩序、保證他們平靜擁有那樣可貴的賜福的習慣或原則。我們在某種程度上重視自身的幸福和福利，就必定在某種程度上歡呼正義和人道的實踐，唯有透過這種實踐，社會的聯盟才能得到維持，每一個人才能收穫相互保護和援助的果實。

這個根據自愛（amour-propre, self-love）或對私人利益的尊重，而作出的道德演繹是一種清楚明白的思想，完全不是產生於懷疑主義者，不負責任的俏皮話和嬉鬧式的攻擊。且不說別人，古代最嚴肅、明智、也最道德的作家之一波里比阿[2]也認爲我們的所有德性情感全都起源於這種自私性。[3]但是儘管這位作家穩健的實踐感和他對一切徒勞無益的玄奧東西的厭惡使他對目前這個主題有著相當重大的權威性，然而這並不是一件由權威來決定的事情，大自然和經驗的聲音似乎明顯地反對這種自私論。

我們常常把稱讚賦予十分久遠的時代和十分遙遠的國度所發生的有德性的行動，而在那裡我們的極端精巧的想像力也不能發現任何自我利益的表現，或找到我們當前的幸福和安全，與這些距離我們如此久遠的事件之間的任何聯繫。

一個慷慨、勇敢（courage）、高尚的行爲，由對手做出來，也博得我們的讚許，儘管我們可能承認其後果有損於我們的特定的利益。

當私人的好處與對德性的一般好感一致時，我們很容易知覺並承認這些在心靈中具有迥然不同感受和影響的截然分明的情感混合著。當慷慨的人道行動有益於我們的特定的利益時，或許我們更樂於稱讚之，但是我們所堅持的稱讚的主題在這個因素方面有著很大的靈活性。我們可以毋須努力使他人相信，他們能夠從我們所推薦給他們的讚許和稱讚的那些行動中獲得任何好處，就嘗試使他們具有我們的情感。

塑造一個由所有最可親的道德德性所組成的值得稱讚的性格的楷模，給出一些這些德性以某種傑出和卓越的方式而顯現出來的事例，你們將很容易博得所有聽眾的敬重和讚許，他們絕不會打聽那個擁有這些高貴的特質的人生活在什麼時代和什麼國度，而這正是所有因素中，對自愛或對我們自身個人幸福的關懷最具實質性的一個因素。

從前有一位政治家，在黨派（party）鬥爭（faction）中具有如此強大的優勢，竟至於憑其雄辯（eloquence）就使一位卓有才能的對手遭流放；對這位對手他私下給予關懷，在他流放期間提供金錢給他維持生計，在他遭遇不幸時用寬慰的話語安慰他。這位被流放的政治家感歎道：「唉！在這個連敵人都如此慷慨的城邦，我離開這裡的朋友們該有多麼遺憾啊！」在這裡，德性，儘管在敵人身上，也使他感到快樂；而我們也給予它正當的稱讚和讚許，當我們聽說這個行動發生在大約兩千年前的雅典，那兩個人的名字叫埃斯西勒斯④和德摩斯替尼時，我們也不收回這些情感。

「那與我有什麼關係？」這個問題不是中肯的場合很少；如果它具有所設想的那種普遍而又確實可靠的影響，它將使所有對人和作風的任何稱讚或責難的文章和談話都變成笑柄。

當迫於這些事實和論證，就說我們透過想像力把自己送到久遠的時代和遙遠的國度，思考如果我們是那個時代的人並與那些人物（character）有任何交往，則我們從這些性格所應獲得的好處，不過是一種軟弱的遁詞。無法想像，一種**實在的**情感或激情如何能產生於一種眾所周知的**想像的**利益，尤其是當**實在的**利益仍然受到重視，並經常被承認是與**想像的**利益截然分明、有時甚至對立的時候。

沒有任何人被帶到懸崖邊，朝下看而不發抖的；**想像的**危險的情感與實在的安全的意見和信念相反而驅動著他。但是在這裡，想像力得到一個令人心驚的對象出現的援助，卻沒有占優勢，除非它也受到新穎性和那個對象不同尋常的現象的幫助。習慣立刻使我們適應於高處和懸崖，逐漸減弱這些虛妄和幻想的恐怖。在我們對性格和作風所形成的評價中，我們可以觀察到相反的情形：愈使我們自己習慣於精確的道德考察，對惡行和德性之間最細微的區別就獲得愈細膩的感受。實際上，在日常生活中，有非常多的機會宣告所有種類的道德規定，以致這種道德規定的對象絕不可能有任何一個對我們是新的和不尋常的，一些**虛妄的**觀點或偏見也不可能面對如此普通和如此熟悉的經驗而站得住腳。經驗主要是形成諸觀念之間的聯結的東西，任何聯結要完全違背這條原則（經驗）而得以確立和維持，都是不可能的。

有用性是令人愉快的，博得我們的讚許。這是一個由日常觀察所確證的事實。但是，**有用的**是對什麼有用？當然是對某人的利益有用。那麼對誰的利益？不只是我們自己的利益；因爲我們的讚許經常延伸至更遠。因此，它必定是那些受到稱許的性格或行動所服務的人的利益；而這些人我們可以斷定，不論多麼遙遠，並非都是完全與我們漠不相關（indifference）的。透過揭示這條原則，我們將發現道德區別的一個重大的本源。

第二節

自愛是人類本性中的一條具有如此廣泛效能的原則，每一個人的利益與社會的利益通常是如此緊密聯繫在一起，以致那些幻想對公共的所有關懷都可以分析成對我們自身幸福和自我生存的關懷的哲學家，都是可以原諒的。這些哲學家總是看見對性格和行動或讚許或譴責、或滿意或不快的事例；他們賦予這些情感的對象或**德性**或**惡行**的名稱；他們觀察到前者有一種增加人類幸福的趨向，後者有一種增加人類苦難的趨向；他們自問我們是否可能對社會有任何關懷，或對他人的福利或傷害有任何無私的怨恨；他們發現把所有這些情感全都當作自愛的變體要更簡單些；他們至少爲了這種原則上的統一性而揭掉了公共與每一個人之間在利益上的那種顯而易見的緊密聯合的一種僞裝。

但是儘管經常有這種利益上的混淆，要達到培根勛爵之後的自然哲學家們所愛稱之的那種判決性實驗（experimentum crucis），亦即那種在任何懷疑或模糊中指明正確道路的實驗，卻是容易的。我們已經發現一些事例，在其中私人的利益與公共的利益是相分離、甚至相對立的；然而我們觀察到道德情感繼續著，儘管有這種利益上的分裂。無論哪裡，這些截然分明的利益明顯地同時發生，我們總是發現道德情感有一種明顯的增長，發現一種對德性更熱烈的好感和對惡行更強烈的厭惡，或我們恰當地稱爲**感激**或**報復**的東西。迫於這些事例，我們必須放棄這種用自愛原則來說明一切道德情感的理論。我們必須採納一種更公共的感情，並承認社會的利益，甚至就它們自身而論也不是與我們完全漠不相關的。有用性只是一種對於一定目的的趨向；當一個目的的本身絕不影響我們時，說任何事物作爲達到這個目的的手段而使人快樂，這是自相矛盾。因此，如果有用性是道德情感的本源，如果這種有用性並不總是與自我有關聯，那麼結論就是，凡是有助於社會幸福的東西，都使自己直接成爲我們的讚許和善意的對象。這是在很大程度上說明道德性之起源的一項原則；當有一個如此清楚明白和自然的體系時，我們何必去尋求玄奧而渺茫的體系呢？⑤

難道我們難以領略人道和仁愛的力量嗎？或者難以設想幸福、歡樂和幸運的神情，產生快樂，苦難、痛苦和悲哀的神情傳達不安嗎？賀拉斯說：⑥人們從面容上互相借取歡笑和悲泣。讓一個人孤居獨處，他就會失去官能和思辨享受之外的一切享受，因爲他內心的活動不是被他同胞被造物的相應活動所推進。悲痛和哀傷的符號雖然是任意的，卻以使人憂鬱的方式影響我們；眼淚、叫喊、呻吟這些自然的徵象，總是能使我們充滿憐憫和不安。如果這些苦難的結果以如此活躍的方式觸動我們，難道能夠假設，當我們知道苦難的原因是源自於惡毒或背信棄義的性格和行爲時，能完全麻木不仁和漠然置之嗎？

假設我們進入一個舒適、溫暖、布置精緻的房間；我們環顧四周必然獲得一種快樂，因爲它呈現給我們舒適、滿足和享受這些使人快樂的觀念。殷勤好客、性情幽默、心地仁慈的主人出來，這個因素一定會爲整個環境增添魅力，我們也禁不住快樂地反思，他的交談和招待給每一個人帶來的滿足。

他的全家人透過面容上煥發出的自由、舒適、信任和寧靜（tranquility）的愉悅，充分地顯示出他們的幸福。在如此歡樂的情景中，我就有一種使人快樂的同情，而且不考慮這種最令人愉快的情緒（emotion）就絕不能考慮它的本源。

他告訴我，一個暴虐欺壓和有權有勢的鄰居曾試圖奪去他的財產，並長期干擾他的一切社交快樂。我感到我的胸中就立即對這樣的暴行和傷害升起一種義憤。

他補充道，但是一件私人性的罪惡出自這個人是毫不奇怪的，這個人曾經奴役許多地區，夷平許多城市，使田野和絞架淌滿人們的鮮血。我就爲如此深重的苦難景象而驚悚，爲對其製造者的最強烈的憎惡所激動。

一般說來，確定無疑的是，無論我們走到哪裡、無論我們反思或談論什麼，一切事物總是呈現人類的幸福或苦難的景象給我們，並在我們胸中激起快樂或不安的同情。在我們嚴肅的工作中、在我們的輕鬆的消遣中，這條原則一直發揮著它的效能。

一個人走進劇場，就立刻震驚於如此眾多的人參加一次共同消遣的景象，並根據他們的表情而非常敏感地被他的同胞共有的每一種情感所影響。

他觀察到演員們受觀眾的座無虛席所鼓舞，熱情高漲到他們在孤居獨處或平靜時刻所無法達到的程度。

一個靈巧詩人創作的戲劇（drama）的每一個跌宕起伏，彷彿魔法一般傳達給觀眾，他們哭泣、顫抖、憤恨、欣喜，爲驅動劇中人物的所有各類激情所激動。

當任何事件阻礙我們的意願，打斷我們鍾愛的人物的幸福時，我們就感到明顯的焦急和憂慮。而當他們蒙受的痛苦出自敵人的背信棄義、殘忍或暴虐時，我們心中就充滿對這些災難的製造者的最強烈的憤恨。

在這裡，描繪任何冷淡的和漠不相關的事情都是違背藝術的規則。一位遙遠的朋友或一個在這場災難中沒有直接利害關係的知心人，是這位詩人應當盡可能予以避免的，因爲它傳達給觀眾一種相同的漠不相關，妨礙他們激情的進展。

很少有哪種詩（poetry）是比田園詩更令人愉快的；人人都可以覺察出，它的快樂的主要源自於一種優雅溫柔的寧靜意象，它在人物身上表現這種寧靜，並給讀者傳達一種相同的情感。桑納紮羅⑦把場景轉移到了海濱，儘管描繪的是大自然中的最壯麗的對象，然而公認在選擇上犯了錯誤。漁夫們遭受的艱辛、勞苦和危險這些觀念，由於一種不可避免的、與對於人類幸福或苦難的每一個觀念相伴隨的同情，是令人痛苦的。

一位法國詩人說，我二十歲時奧維德⑧是我鍾愛的對象；現在我四十歲了，我宣布我喜愛賀拉斯。的確，我們更容易進入與我們每天感受的情感相似的那些情感中；但是當任何一種激情得到很好的表現時，不可能是與我們完全漠不相關的；因爲沒有任何激情不是人人在自己內心中具有的，至少它們的種子和首要原則。透過生動的形象和表現而使每一種情感貼近於我們，並使它看上去彷彿眞實和實在，正是詩的任務；一個確定無疑的證據是，無論哪裡發現那種實在，我們的心靈都傾向於被它強烈地影響。

影響國家、地區，或個人命運的任何最新事件或新聞，甚至對於那些其利益沒有直接捲入其中的人們也是極有興味的。這樣的消息得到迅速的傳播、熱切的打聽和牽腸掛肚的探究。在這種場合，社會的利益似乎在某種程度上就是每個人的利益。想像力就一定受到影響，儘管所激起的激情可能並不總是那樣強烈和穩定，以至於對行爲舉止具有重大的影響力。

讀史籍似乎是一種平靜的娛樂；但是如果我們的心不與歷史學家所描述的那些活動相一

致而跳動，它就根本不成爲一種娛樂。

修昔底德⑨和圭恰迪尼⑩很難維持我們的注意力，當前者描述希臘諸小城邦之間的瑣碎的衝突，後者描述比薩無害的戰爭時。與極少數人利益相關且利益又微小，這無法滿足想像力也無法博得感情。雅典大軍在敘拉古周圍嚴重的危難，那威脅威尼斯的緊迫危險，這些才能激起同情，這些才能引起恐怖和焦慮。

蘇埃托尼烏斯凱撒⑪漠然和枯燥的風格，塔西佗流暢的筆調，同等地可使我們信服尼祿⑫或提比略⑬的極度墮落；但是當前者冷淡地陳述事實，後者將一個索拉努斯和一個特拉塞亞⑭可敬的形象展現於我們眼前：無畏於命運、只爲朋友和同胞令人感傷的苦難所打動時，在情感上有著何等差異啊！於是，高張的同情觸動每一個人的心！何等的義憤指向那因其無端的恐懼或仇恨而引發出那樣可憎暴行的暴君！

如果我們更切近於這些主題，如果我們消除一切捏造和虛構的嫌疑，那將激起多麼有力的關懷，並在許多事例中多麼超越於自愛和私人利益的狹隘執著啊！民眾暴動、黨派熱情、對宗派領袖的忠誠服從，這些都是人類本性中這種社會性的同情，儘管較不可稱道但卻最明顯的結果。

我們可以觀察到，這個主題的瑣碎也無法將我們與那帶有人類情感的意象完全分離開來。

當一個人結結巴巴地說話和吃力地發音時，我們甚至同情這種瑣碎的不安，並爲他感到痛苦。有一條批評（criticism）的規則是，諸音節或字母的每一個組合，倘若在朗誦使說話器官感到痛苦，出於一種同情，對耳朵也將顯得刺耳和不快。不但如此，當我們用眼睛流覽一部書時，也可察覺出這樣不和諧的句子，因爲我們依然想像是某個人在爲我們朗誦，他由於發出這些刺耳的聲音而遭受痛苦。我們的同情就是這樣微妙！

自在而不受到限制的姿勢和舉止總是美的；健康而生氣勃勃的神態總是令人愉快的；保暖而不給身體負擔、蔽體而不給四肢束縛的衣服總是製作精良的。在對於美的每一個判斷中，那個被感動者的感受都受到考慮，都給旁觀者傳達類似的痛苦或快樂的觸動。⑮於是，如果我們不考慮人們行動的趨向和這些行動帶給社會的幸福或苦難，就不可能對他們的性格和行爲作出任何判斷，有什麼奇怪呢？如果這條原則在這裡完全並非能動的，那麼觀念之間是什麼聯結在起作用呢？⑯

如果任何人出於冷酷的麻木不仁或狹隘的自私性情而對人類幸福或苦難無動於衷，那麼他必定對惡行和德性也同樣漠不關心（indifference）。相反的，我們總是發現，對人類利益的熱情關懷伴隨有一種對所有道德區別的細膩感受，一種對施於人們的傷害的強烈憤恨，一種對他們的福利的熱烈讚許。在這方面，儘管一個人對另一個人明顯地存在很大的優勢，然而沒有人如此完全漠不關心其同胞的利益，以至於察覺不出由於行動和原則的不同傾向，而造成道德的善和惡的區別。實際上，我們如何能假定，在任何懷有仁心的人中，如果有一個對人類和社會有利的性格或行爲體系和另一個對人類和社會有害的性格或行爲體系都受到他的責難，他竟至於不願給予前者一種冷淡的優先選擇，或歸予它以最微小的價值或尊重呢？且讓我們假設一個如此自私的人，且讓私人利益如此強烈地吸引他的注意力，然而在那些與他的私人利益無關的場合，他必定不可避免地感受到**某種**對於人類利益的偏向，並將這種偏向作爲一個選擇對象，如果一切別的事物都是同等的話。任何一個正在散步的人會像踩踏堅實的石塊和道路一樣，去踩踏一個未與他爭吵的人的患痛風的腳趾嗎？在這裡，在這個情形中一定存在一種差異。在沒有私人性的考慮吸引我們透過傷害我們的同胞而尋求我們自己晉升或好處的地方，當我們權衡行動的幾種動機時，一定考慮他人的幸福和苦難，並傾向於他人的幸福。如果人道的原則能夠在許多事例中影響我們的行動，它們必定在任何時候都對我們的情感具有**某種**權威，並給予我們一種對凡是有用於社會的讚許，和對凡是危害或有損於社會的譴責。這些情感的程度可以是爭論的主題；但它們的實存的實在性，我們應當認爲，必定是每一種理論或體系都予以承認的。

一個絕對惡意和怨恨的被造物，如果大自然中有任何這樣的被造物，必定是比對惡行和德性漠不關心的被造物更壞的被造物。他的所有的情感必定都是顛倒的和與人類中所盛行的情感截然對立的。凡是有助於人類利益的東西，由於阻礙他的意願和欲望的恆常癖好，因此必定產生不安和不滿；反之，凡是社會的混亂和苦難之源的東西，由於同一理由，必定受到他快樂和滿足的注視。蒂孟[17]或許由於他假裝的怨恨而非由於任何刻骨的惡意而被稱爲恨世者（the man-hater），他深情地擁抱阿爾西比亞德。「繼續下去，我的孩子！」他喊道，

「獲得人民的信任；我預見，有朝一日你將是他們的深重災難的原因。」⑱如果我們能夠承認摩尼教徒的兩條原則，⑲那麼一個可靠無誤的推論就是，它們對人類行動的情感以及對一切其他事物的情感必定是完全對立的，每一個正義和人道的事例，根據其必然的趨向，必定使一神快樂而另一神不快。整個人類如此類似於善的原則，以致在利益或報復心或嫉妒沒有使我們的性情變得反常的地方，我們總是出於對人類自然的愛而趨向於優先選擇給予社會幸福，並由此而優先選擇給予德性而非其反面。絕對的、無緣無故的、無私的惡意或許絕不能出現在任何一個人的胸膛中；或者如果它曾經出現，那麼必定在那裡使一切道德情感以及人道感受都變得反常了。如果尼祿的殘忍被認爲是完全故意的，而不是長期恐懼和怨恨的結果，那麼顯然，他必定給予提格利努斯⑳而非塞涅卡或布魯斯㉑堅定不移和始終如一的讚許。

一個在我們自己時代爲自己國家效勞的政治家或愛國者，總是比一個對久遠時代或遙遠國家發生有利影響的政治家或愛國者，受到人們更熱烈的尊重；在那些久遠時代和遙遠國家中，他慷慨的人道所產生的好處與我們聯繫較少、顯得較模糊，因而以一種較不活躍的同情感動我們。在這兩種情形中，我們可以承認兩者的價值是一樣偉大的，儘管我們的情感沒有被提升到同樣高度。在這裡，判斷力矯正我們內在情緒和知覺上的不平等，宛如它在呈現於我們感官的種種變化不居的意象中使我們免於錯誤一樣。同樣的對象拉開一倍的距離，映入我們眼中的形象其實只有原來形象的一半，我們卻想像它在兩種境況中都是以同樣大小而出現，因爲我們知道隨著我們向它接近，它在我們眼中的形象便擴大，而這種差異不在於對象本身，而在於我們對它的位置。實際上，沒有對於內在和外在兩方面情感的現象的這樣一種矯正，當人們的飄忽不定的境況使對象發生不斷的變化，並把他們拋入這樣殊異和相反的眼光和立場時，他們絕不可能穩定地思想或談論任何主題。㉒

我們愈與人類交談及保持愈廣泛的社會交流，我們將愈熟悉這些一般的優先選擇和區別，沒有這些一般的優先選擇和區別，我們的交談和話語就幾乎不可能相互理解。每一個人的利益都是他自己特有的，由這份利益所引起的厭惡和欲望不能假設對他人具有相同程度的影響力。因此，一般的語言，既然是爲了一般的用途而形成，就必須根據某些更一般的觀點來鑄造，必須附帶契合於社會的一般利益所產生的情感的稱讚或譴責的辭藻。即使在大多數人中社會的一般利益所產生的這些情感並沒有私人的好處所關聯的那些強烈情感，它們必定仍然在甚至最墮落、最自私的人中造成某種區別，必定把善這個概念繫附於一個慈善的行爲，把惡這個概念繫附於一個相反的行爲。我們應當承認，同情遠比我們對自己的關懷微弱，對遠離我們的人的同情，遠比對靠近和毗鄰我們的人的同情微弱；也正因爲這個理由，我們在對於人們性格的平靜判斷和討論中必須忽略這些差異，使我們的情感變成更公共和更社會的。且不論我們經常改變自己在這方面的境況，還每天遇到境況與我們不同的人，和倘若我們堅持自己特有的立場和觀點就絕不可能與我們交談的人。因此，在社交和談話中，情感的交流使我們形成某種我們可據以贊成或反對種種性格和作風的不可變更的標準。儘管心（the heart）並不完全贊同那些一般的概念，也並不根據惡行和德性普遍而抽象的差異，而不尊重自我或與我們有較親密關係的人來規範它全部的愛和恨，然而，這些道德差異卻有一種相當大的影響力，當它們足夠大時，至少就話語而論，能夠服務於我們在交際中、在布道壇上、在劇場裡和在學校中的所有目的。㉓

因此，無論我們從什麼眼光來考察這個主題，賦予社會性的德性的價值看來始終是一致的，這種價值主要產生於自然的仁愛情感使我們對人類和社會的利益所懷抱的那種尊重。如果我們考慮諸如日常經驗和觀察中所顯現的人類結構的原則，我們必定**先天地**（a priori）推斷，像人這樣的一個被造物，不可能完全漠不關心同胞的幸福和苦難，不可能在沒有任何東西使他懷有任何特定的偏向時毋須任何更進一步的尊重或考慮就自行主張：凡是促進他們的幸福就是善，凡是加重他們的苦難就是惡。於是，這裡就是諸行動之間一**般的**區別的細微雛形或至少是輪廓；依照這個人的人道所應當增進的，他與那些受害者或受益者的關係，和他對這些人的苦難或幸福的思想程度，他隨後發生的責難或讚許就獲得相應的活力。在久遠記載或遙遠報導中順便提及的慷慨行動應當傳達某些強烈的讚許和欽敬（admiration）的感受，這並沒有必然性（necessity）。德性，置於如此遙遠的距離，宛若一顆恆星，雖然對理性之眼可能顯得如中天之日般光明燦爛，然而是如此無限遙遠，以至於既不能用光也不能用熱來影響我們的感官。透過我們與那些人的熟識或關係、甚至透過對情況的繪聲繪影的描述，而使這一德性更接近於我們，我們的心將直接被打動，我們的同情將活躍起來，我們的冷淡讚許將轉變為最熱烈的友誼和尊重的情感。這些似乎是人性的一般原則的一些必然和可靠的後果，正如在日常生活和實踐中所發現的那樣。

再顛倒這些觀點和推理，**後天地**（a posteriori）考慮這個問題，並在權衡這些後果時，探究社會性德性的價值是否在很大程度上並非導源於它據以影響旁觀者的人道感受。看來事實是：效用這個因素在所有主題中都是稱讚和讚許的源泉，它是關於行動的價值或過失（fault）的所有道德決定經常訴諸的，它是正義、忠實、正直、忠誠和貞潔所受到的尊重的**唯**一源泉，它是與其他社會性德性，如人道、慷慨、博愛、和藹（philanthropy）、寬大、憐憫和自我克制（temperance）不可分離的，一言以蔽之，它是道德中關乎人類和同胞被造物的那個主要部分的基礎。

看來事實還是在我們關於性格和作風的一般讚許中，社會性德性的有用趨向不是透過對自我利益的某些尊重來打動我們的，而是具有一種更普遍和更廣泛得多的影響力。看來，對公共利益的趨向，和對促進社會和平、和諧和秩序的趨向，總是透過影響我們本性結構中的仁愛原則，而使我們站在社會性德性這邊。看來，作為一個額外的確證，這些人道和同情的原則如此深刻地進入我們所有的情感中，並具有如此強大的影響力，以至於可以使它們有能力激起最強烈的責難和讚許。目前這個理論是所有這些推論的簡單結果，這些推論的每一個都似乎基於始終一致的經驗和觀察之上。

倘若在我們本性中是否存在任何諸如人道或對他人的關懷之類的原則是可懷疑的，然而當我們在無數事例中看見凡是具有促進社會利益趨向的東西都受到非常高度的稱讚時，我們就應當由此而認識到仁愛原則的力量，因爲當一個目的是完全漠不相關的時候，任何事物都不可能作爲達到這個目的的手段而使人快樂。另一方面，倘若在我們本性中是否植入任何對於道德的譴責和讚許的一般原則是可懷疑的，然而當我們在無數事例中看見人道的影響力時，就應當由此而推斷，一切促進社會利益的東西都必定傳達快樂，一切有害的東西都必定產生不安，除此之外別無可能。而當這些不同的反思和觀察在確立同一個結論的過程中同時出現時，它們未必賦予這個結論一種無可爭辯的明證性（evidence）嗎？

不過我希望，透過闡明其他敬重和尊重的情感，產生於這些相同的或相似的原則，這一論證過程將進一步確證目前這個理論。

【注釋】

① 我們不應當想像，因爲一個無生命的對象可以像人一樣是有用的，因此按照這個體系它也應當配享「有德性的」這個名稱。在這兩種情況中，由效用所激起的情感是相當不同的；其中一者混合著好感、敬重、讚許等，另一者則不然。同樣，一個無生命的對象可以像人的形體一樣有美麗的顏色和和諧的比例。但是我們竟能對之發生愛情嗎？有許多種激情和情感，思維的理性存在物由於大自然的原始構造而是它們唯一適當的對象；儘管同樣這些品行或性質能夠被轉移至無感覺、無生命的存在物，然而它們將無法激起同樣的情感。藥草和礦泉水有益的性質固然有時被稱爲它們的「德性」（譯者按：virtue 一詞有多種含義，既指德性、優

點，也指功效、效果等），但這是語言多變的結果，語言的這種多變在推理中應當不予考慮。因爲儘管甚至無生命的對象，當它們是有益時，也有一種讚許相伴隨著，然而這種情感是如此微弱，而且如此不同於指向仁慈的執政官或政治家的情感，以致它們不應當被歸於同一個種類或名稱之下。

甚至當對象的性質保持同一不變時，對象的非常微小的變化也會毀滅一種情感。因此，當本性沒有變得極端反常時，同一種美，轉移至異性，就激不起任何性愛的激情。

② 波里比阿，Polybius，約西元前二〇四—前一二二年，古希臘歷史學家，著有《歷史》四十卷。——譯者注

③ 對父母不孝順是人類所不贊成的，προορωμενου το μελλον, και συλλογιζομενου οτι το παραπλησιον εκαστοι αυτων συγκυρησει.（看看將來就會明白，類似的事情將落到他們每一個人頭上。）因爲同樣的理由，忘恩負義（儘管他在那裡似乎混合著一種更慷慨的考慮）συναγανακτουντα μεν τω πελα, αναφεροντα δ' επ' αυτου το παραπλησιον, εξ ων υπογιγνεται τι εννοια παρεκαστω τη του καθηκοντο δυναμεω και θεωρια. Lib. vi. cap. 4（ed. Gronovius）.（使人類爲陰鬱的心情所困擾，怕帶給他們相類似的東西，由此每一個人就產生對其周圍所能遭遇和所能看見的事物的某種思考。波里比阿：《歷史》，卷六，第四章〔Gronovius 編〕。）或許這位歷史學家只是表明，我們的同情和人道在較大程度上是經由考慮我們的情形與那個遭受痛苦的人的情形相似而激發出來的；這種考慮是一種正當的情感。

④ 埃斯西勒斯，Aeschines，西元前三八九—前三一四年，雅典政治家、演說家和蘇格拉底派哲學家。——譯者注

⑤ 沒有必要把我們的研究推到那樣深遠，以至於追問我們爲什麼有人道或一種與他人的同胞感（a fellow feeling

with others）。這被經驗到是人類本性中的一條原則就足矣。在我們考察原因時我們必須於某個地方止步；每一門科學都有一些一般的原則，在這些一般原則之外我們不可能希望發現任何更一般的原則。沒有人是與他人的幸福和苦難絕對地漠不相關的。他人的幸福有一種產生快樂的自然趨向；他人的苦難有一種產生痛苦的自然趨向。這人人在其自身中都可以發現。或許這些原則不能被分析成更簡單和更普遍的原則，無論我們爲了這個目的而可能作出什麼嘗試。但是如果這是可能的，它也不屬於目前這個主題；我們在這裡可以有把握地將這些原則當作原始的；如果我們能夠使所有推論都充分清楚和明晰，那將是幸運的！

⑥ 'Uti ridentibus arrident, ita flentibus adflent
Humani vu ltus.'——Hor.
（「你自己先要笑，才能引起別人臉上的笑，同樣，你自己先得哭，才能在別人臉上引起哭的反應。」——賀拉斯〔參見賀拉斯：《論詩藝》，楊周翰譯，人民文學出版社一九八二年版，第一四三頁。〕）

⑦ 桑納紮羅，Sannazarius，一四五六—一五三〇年，義大利詩人，留傳後世的作品主要有以田園故事爲題材的傳奇《阿卡迪亞》。——譯者注

⑧ 奧維德，Ovid，西元前四十三—西元十七年，古羅馬詩人，代表作爲《變形記》。——譯者注

⑨ 修昔底德，Thucydides，約西元前四六〇—前四〇〇年，古希臘歷史學家，著有《伯羅奔尼撒戰爭史》。——譯者注

⑩ 圭恰迪尼，Guicciardin，一四八三—一五四〇年，義大利佛羅倫斯歷史學家，主要著作有《義大利史》。——譯者注

⑪ 蘇埃托尼烏斯，Suetonius，約六九—一二二年，古羅馬傳記作家，著有《名人傳》、《諸凱撒生平》等。——譯者注

⑫ 尼祿，Nero，三七—六八年，古羅馬皇帝，五四—六八年在位，以昏暴和放蕩著稱。——譯者注

⑬ 提比略，Tiberius，西元前四二—西元三七年，古羅馬第二代皇帝，以放蕩淫逸著稱。——譯者注

⑭ 索拉努斯（Soranus）和特拉塞亞（Thrasea），古羅馬政治家，尼祿當政時期的斯多亞派殉道者。兩人皆因正直、才幹和魄力等而不見容於尼祿，是尼祿在不斷屠殺許多人之後「想要消滅道德本身而處死的兩個人」（塔西佗語）；他們臨死前都對親人、朋友和同胞表現出高尚的感情，而對死亡則表現出高度的淡漠和平靜。具體參見塔西佗：《編年史》，卷十六，第二十一—三十五章。——譯者注

⑮ 「Decentior equus cujus astricta sunt ilia; sed idem velocior. Pulcher aspectu sit athleta, cujus lacertos exercitatio expressit; idem certamini paratior. Nunquam enim species ab utilitate dividitur. Sed hoc quidem discernere modici judicii est.」——Quintilian, *Inst.* lib.viii, cap. 3.（「一個人的馬腰腹結實，不但美觀，而且敏捷。鍛鍊使競技者肌筋發達，不但顯得美，而且適合於競技。的確，**美**和**效用**是從不分離的。不過，這至少有適當的判斷力才能分辨出來。」——昆體良：《演說家準則》，卷八，第三章。）

⑯ 我們總是根據一個人所擁有的地位、依照他所置身於其中的關係，而期望從他獲得程度或大或小的利益；當失望時，我們就譴責他的無效用，而如果他的行爲舉止造成任何不利或損害，我們就對他加以更嚴厲的譴責。當一國的利益妨礙另一國的利益時，我們評價一個政治家的價值，依憑的是他的措施和諮議給他自己的國家所帶來的利益或不利，並不考慮他給敵國和敵人所造成的損害。當我們確定他的性格時，他的同胞公民

是我們最先注目的對象。由於大自然在每一個人中都植入了一種對他自己的國家的優先的感情，因而當發生競爭時，我們從不期望有對遙遠的民族的任何尊重。更不用說，當人人都考慮自己的集體的利益時，我們可以感覺到，人類的一般利益所受到的促進要比對於某種不能產生任何有利行動的利益的任何散漫的和不明確的觀點所促進的更大，因爲後者缺乏一個它們能夠發揮作用的適當限定的對象。

⑰ 蒂孟，Timon，約西元前三二〇—前二三〇年，普魯塔克《希臘羅馬名人傳》中的恨世者形象，常被後人用作文學題材。——譯者注

⑱ Plutarch in *vita* Alc.（普魯塔克：《阿爾西比亞德傳》。）

⑲ 即善的原則和惡的原則。摩尼教主張善惡二元論，宣稱善神和惡神、亦即光明之神和黑暗之神同爲世界的本源。——譯者注

⑳ 提格利努斯，Tigellinus，尼祿的主要謀臣，以教唆尼祿爲惡、推行恐怖統治著名。——譯者注

㉑ 布魯斯，Burrhus，尼祿的禁衛軍長官。——譯者注

㉒ 因爲同樣的理由，唯獨行動和性格的趨向，而非它們實在的偶然的後果才是我們在道德規定或一般判斷中所尊重的；儘管在實在的感受或情感中，我們禁不住更尊重一個這樣的人，即他的地位與德性結合在一起，使他實在地有用於社會，而不是一個這樣的人，即他只在善良意願和仁愛感情中發揮社會性的德性。透過思想的一種容易和必要的努力而將性格和命運分開，我們宣布這些人是相同的，給予他們同樣的稱讚。判斷力矯正或努力矯正現象，但不能完全支配情感。

爲什麼說這棵桃樹比那棵好，難道不是因爲它結出更多或更好的果實嗎？儘管桃子在完全成熟之前已遭蝸牛

或害蟲所毀壞，難道就因此不給予它同樣的稱讚嗎？在道德上，難道不也是**樹由果知**（the tree known by the fruit）嗎？難道我們在道德上不能像在桃樹上一樣，容易地區分開本性和偶因（accident）嗎？

㉓ 正是大自然智慧地安排，私人的關係通常應當壓倒普遍的觀點和考慮；不然我們的感情和行動就會由於缺乏適當限定的對象而煙消雲散。因此，施予我們自己或親密朋友的微小恩惠，較之於施予一個遙遠國家的巨大恩惠，激起更強烈的愛和讚許的情感；但是在這裡，正如在所有感官中一樣，我們仍然知道要透過反思來矯正這些不平等的因素，堅持一種主要基於一般有用性的對於惡行和德性的一般標準。

第六章　論對我們自己有用的特質

第一節

①看來很明顯，當我們考察一種特質或習慣時，如果它在任何面向都顯得有損於那個擁有它的人，或者使他失去從事事務和活動的能力，它就立刻遭到譴責，並被列入他的缺點（blemish）或瑕疵中。慵懶、疏忽、缺乏條理和方法、固執、乖戾、莽撞、輕信，這些特質從未被任何人看作是與性格漠不相關的，更談不上被他作爲才藝或德性而予以頌揚。它們所產生的損害直接刺激我們的眼睛，給予我們痛苦和不滿的情感。

人們承認，沒有特質是絕對地可譴責的，也沒有特質是絕對地可稱讚的。這完全視其程度而定。逍遙學派（peripatetics）②認爲，適中是德性的特徵。可是這種適中主要是由效用所規定的。例如，辦事時適當的迅速和快捷是可稱許的。如果不足，要實現任何目的就總是沒有進展；如果過度，則使我們陷入倉促而不協調的措施和事業中；透過這樣的推理，我們就在所有關於道德和明智的研究中確立起一種適當的和可稱許的中庸（mean），而絕不忽略掉任何性格或習慣所產生的好處。

既然這些好處是那個擁有這種性格的人所享受的，因此絕不可能是自愛使得這些好處的前景令我們這些旁觀者感到愉快，和增進我們的敬重和讚許。想像力沒有任何力量能夠把我們變成另一個人，和使我們想像作爲那個人而從本屬於他的那些可貴的特質中獲得利益。或者即使它有這種力量，它也沒有任何迅捷能夠立即把我們變回自身，和使我們愛和敬重那個與我們不同的人。與已知眞理是如此對立、彼此之間也是如此對立的這些觀點和情感，絕不可能同時發生在同一個人之中。因此，所有對於自私論的尊重的嫌疑在這裡都被完全排除了。正是一條完全不同的原則，驅動著我們的內心和激發起我們對所靜觀的那個人的幸福的興趣。當他的天分和後天的能力向我們預示他的高尙、進步、順遂成功的生活形象、對命運的堅定控制、和偉大或有益的事業的實現等的前景時，我們就爲這樣令人愉快的意象所打動，感到對他油然升起一種滿意和尊重。幸福、歡樂、勝利、繁榮，這些觀念與他的性格的每一個因素相關聯，給予我們心靈令人愉快的同情和人道的情感。③

讓我們假設一個人格（a person）當初被構造爲毫不關心他的同胞，他對一切幸福和苦難甚至比對同一種顏色的兩種相近的濃淡更加漠不關心。讓我們假設，如果將各民族的繁榮放在他的一隻手上，而將毀滅放在他的另一隻手上，並要求他作出選擇，他就會像經院哲學家④的驢一樣站在兩個同等的動機之間不知所措和猶豫不決，或者寧可說像這同一頭驢站在兩根木頭或兩塊石頭之間那樣毫不傾向或偏好哪一邊。我相信，人們必定承認爲正當的推論是，這樣一個人格，由於無論對社會的公共利益或對他人的私人效用都是漠不關心的，因而就會像旁觀最常見、最乏味的對象一樣，漠不關心地旁觀不論對社會或對其擁有者多麼有害或有益的每一種特質。

但是如果我們假設的不是這個虛構的怪物，而是一個人（a man），他要在這種情況下形成一個判斷或規定，那麼當其餘一切事物都是同等的時候，他的優先選擇就存在一個明顯的基礎；不論他的選擇可能多麼冷淡，如果他的心是自私的，或者如果與利益相關的人和他相當疏遠，在有用的東西和有害的東西之間必定仍然存在一種選擇或區別。現在這種區別在所有部分都是與其基礎一直受到那樣經常而又那樣徒勞探討的**道德區別**相同。在每一個環境中，心靈的相同稟賦都是既適宜於道德情感，又適宜於人道情感，相同性情都是既容易被高度的道德情感所感動，又容易被高度的人道情感所感動，不同對象透過它們的靠近或聯結而發生的同樣變化都既活躍道德情感，又活躍人道情感。因此，根據一切哲學規則，我們必須推斷，這兩種情感原本是同一種；因爲在各個細節、甚至最微不足道的細節上，它們都是由相同的規律所支配，由相同對象所打動的。

爲什麼哲學家們極其肯定地推斷，月亮藉以保持其軌道的與導使物體墜向地球表面的是同一種引力，難道不是因爲根據計算（calculation）這些結果被發現是相似的和相等的嗎？難道這個論證在道德研究中不像在自然研究中一樣必定帶來強大的說服力嗎？

透過任何繁瑣的細節來證明一切對其擁有者有用的特質都是受讚許的，而一切相反的特質都是受責難的，將是多餘的。對日常生活經驗稍作反思就是足夠的，我們將只提及一些事例，以便如果可能的話消除一切懷疑和猶豫。

成就任何有用的事業所最必需的特質是審慎（discretion）；透過審慎，我們保持與他人的安全交往，適當的注意我們自己的性格和他人的性格，權衡我們所肩負的事業的各個因素，並採用最可靠和最安全的手段來達到任何目的或意圖。或許，對於克倫威爾[5]們或德雷茲[6]們，審慎可能顯得像是一種總督似的（alderman-like）德性，正如斯威夫特博士[7]所說的那樣；由於它與他們的勇氣和野心所慫恿他們從事的那些深遠圖謀是不相容的，因而它在他們身上其實可能是一種缺點或瑕疵。但是在日常生活行爲中，沒有一種德性是比它更不可或缺的，不僅對獲得成功如此，對避免最致命的失敗和挫折亦如此。正如一位高雅的作家所評論的，沒有審慎，最偉大的才華對於其擁有者都可能是致命的；正如喪失了眼睛的波呂斐摩斯，[8]其巨大的力量和龐大的身軀只是使他更加暴露而已。

最佳的性格，如果不寧可說對人類本性是太完美的，其實就是不爲任何情緒所動搖，而依照有**用於**所打算的特定目的而交替運用大膽進取和小心謹慎。這是聖埃弗雷蒙[9]所歸予蒂雷納元帥[10]的優點，蒂雷納元帥在他軍事生涯的每一次戰鬥中年齡愈大就愈勇猛，而一旦從漫長的經驗中完全瞭解了戰爭的每一個事件，他就更加堅定和安全地前進在一條他再熟悉不過的道路上。馬基雅弗利[11]說，費邊[12]小心謹慎，西庇奧[13]大膽進取；兩人都獲得了成功，因爲在他們各自任指揮期間，羅馬事務的狀況都特別適合於他們各自的天分；但是倘若這些狀況顚倒過來，則兩人都會失敗。環境適合於其性情的人是幸運的，但是能夠使其性情適合於任何環境的人則是更優秀的。

在獲得權力和財富的過程中，或者說在提升我們所謂塵世**命運**的過程中，有什麼必要稱讚勤奮和頌揚它的好處呢？按照寓言，烏龜憑其堅毅（perseverance）贏得了速度比牠快得多的兔子的賽跑。一個人的時間十分儉省地使用，就彷彿一塊精心耕耘的土地，其中幾英畝所生產對生活有用的東西，比任由荊棘和野草蔓生，甚至土地最肥沃的遼闊的地區所生產的還多。

但是當缺乏合理的儉省時，生活成功的整個前景、甚至勉強維持生存的整個前景都必定化爲泡影。積蓄不是日增，而是日減，從而使其擁有者那樣更加不幸，導致無法把自己的開銷限制在豐厚的收入的範圍內，而更加不能靠菲薄的收入滿意地過活。按照柏拉圖的說法，[14]人的靈魂（soul）被不純淨的欲望所燃燒，當失去唯一提供滿足的手段的身體時，就遊蕩在大地上、出沒於停置身體的地方，具有一種強烈要求恢復其所失去的感覺器官的願望。因此我們可以看到，毫無價值的浪蕩子們，當他們把財富消費於瘋狂的放蕩淫逸、躋身於每一桌豐盛的宴席和每一個享樂的聚會時，甚至被惡人所憎惡，被傻瓜所輕蔑。

儉省的一極是**貪婪**，貪婪由於既剝奪一個人對其財富的一切使用，又阻礙殷勤好客和每一種社交性的享受，出於雙重的理由正當地受到責難。另一極則是**揮霍**，揮霍通常更有害於個人自己；[15]這兩個極端中哪一個比另一個更受譴責，依照責難者的性情、依照他對社交性快樂或官能性快樂的感受大小而定。

特質的價值經常導源於複雜的源泉。**誠實**、**忠實**、**眞實**，因爲它們促進社會利益的直接趨向而受到稱讚；但是一旦這些德性在這個基礎上確立之後，它們也被當作是對這個人自己有益的，被當作是那種唯一能使人在生活中受到尊敬的信賴和信心之源。一個人如果忘記他在這方面對自己和對社會所應盡的義務，就變得不僅可憎，而且可鄙。

或許，這種考慮是對女人們就**貞潔**而言的任何失敗的事例予以高度譴責的一個**主要**源泉。女性所能獲得的最大尊重導源於她們的忠實；一個在這方面有缺陷（defect）的女人就變得低賤和粗俗，失去她的地位，並遭到各種侮辱。最小的失敗在這裡都足以毀掉她的名聲。一個女人具有如此多的暗中放縱這些欲望的機會，以致除了她的絕對端莊和克制，再沒有任何東西能夠向我們保證；而且缺隙一旦造成，則幾乎不可能完全修復。如果一個男人在某個場合表現懦弱，一個相反的行爲就會恢復他的名聲。但是如果一個女人曾經放蕩過，她透過什麼行動才能使我們確信她已下定改過的決心，並有足夠的自制力實現這些決心呢？

人們承認所有人都同等地欲求幸福，但是在對幸福的追求中成功者寥寥；一個相當重要的原因就是缺乏心靈的力量（strength of mind），心靈的力量可以使他們有能力抵禦當前的舒適或快樂的誘惑，推動他們尋求更長遠的利益和享受。我們的感情，根據其對象的一般的前景，形成一定的行爲規則和一定的優先選擇此對象而非彼對象的尺度；這些決定，儘管其實是我們的平靜的激情和癖好的產物（因爲難道還有什麼別的東西能夠將任何對象宣布爲合適的或不合適的嗎？），然而由於對術語的自然的濫用，被認爲是純粹**理性**和反思的規定。但是當這些對象中有些更接近於我們，或獲得可以抓住我們的心或想像力的角度和立場的好處時，我們的決心就常常被攪亂，優先選擇一種微不足道的享受，而留給我們永久的羞慚和懊悔。無論詩人們在讚美當前快樂，否定對名望、健康或財富的所有長遠觀點時，可能如何發揮他們的機趣和雄辯，很顯然，這種做法是一切放蕩和混亂、悔恨和苦難之源。一個性情剛強果斷的人，頑強地堅持他的決心，既不爲快樂的魅力所誘惑，也不爲痛苦的威脅所恫嚇，而是始終著眼於他用以確保自己幸福和榮譽的那些長遠的追求。

自滿，至少在某種程度上是一種同等地降臨於傻瓜和智者的好處；但這是他們唯一同等的地方，當他們立於一個同等的基礎時，他們的生活方式中也不存在任何其他同等的因素。事業、書籍、談話，對於這一切傻瓜是完全無能爲力的，他除了被他的地位宣判去做最粗重的苦力，不過給地球增加**無用的**負擔而已。因此，我們發現人們極端忌諱他們在這方面的性格，我們見到許多最坦率最無保留地承認自己驕奢淫逸和背信棄義的事例，卻不見任何能夠忍受愚昧無知和愚蠢之名的事例。正如波利比阿告訴我們的，[16]狄凱阿科斯這位馬其頓將軍公然搭建起一座不虔敬的祭壇和一座不正義的祭壇，以蔑視人類；我敢肯定，甚至他也會爲**傻瓜**這個字眼（verbal）而驚跳起來，並圖謀報復這個如此傷害性的稱呼。除了父母的慈愛這一大自然中最強烈最不可分割的紐帶，沒有任何聯繫有力量足以承受這種性格所引起的厭惡。愛本身能夠存續於背信棄義、忘恩負義（ingratitude）、惡意和不忠實之下，卻直接爲這種性格所撲滅，當它被知覺並被承認時；對於愛這一激情的統治，醜陋和衰老也並不比這種性格更具有毀滅性。對任何目的或事業都完全無能爲力，生活中錯誤連連、失誤累累，這樣一些觀念是多麼可怕啊！

當人們問，最有價值的是一種敏銳的領悟力還是一種遲鈍的領悟力？是一種一眼就穿透主題、卻不能對研究作出任何進展的性格，還是一種相反的、即透過專心致志而必定完成一切事情的性格？是一個清晰的頭腦還是一種無窮的創造力？是一種深邃的天分還是一種可靠的判斷力？簡言之，什麼性格，或知性的什麼特殊稟賦，是比另一者更卓越的？很顯然，我們不考慮這些特質中哪一個最能使一個人適合於這個世界，最能使他在任何事業中達到高峰，就不可能回答這些問題中的任何一個。

如果精緻的感覺和崇高的感覺不如日常的感覺**有用**，它們的稀罕、新穎、對象的高貴就作出某種補償，使它們獲得人類的欽敬；正如金，儘管不如鐵用途廣泛，卻因其稀罕而獲得遠高於鐵的價值一樣。

判斷力的缺點不能透過任何技藝或發明來彌補；但是記憶力（memory）的缺點，無論在工作中或在學習中，往往可以透過方法和勤奮、透過勤於筆記來彌補；我們幾乎從沒有聽說記憶力的缺乏被當作一個人事業失敗的理由。但是在古代，一個人沒有說話才能就不能出名，聽眾也太敏感而不能忍受諸如即興演說家們在公共集會上的那種粗糙、散亂、高談闊論的長篇演說，那時記憶力這種才能卻是極端重要的，因而比現在更受重視得多。古代所提到的偉大天才幾乎沒有一個不因這種才能而受到讚美；西塞羅則將這種才能與凱撒本人的其他崇高特質相提並論。⑰

特定的習俗和作風改變特質的有用性；它們也改變特質的價值。特定的境況和偶因在某種程度上也具有相同的影響力。一個人擁有與其地位和職業相稱的才能和技藝，較之於他被命運女神誤置於為他派定的位置上，將總是更受敬重。在這方面，私人的或自私性的德性要比公共的和社會性的德性更具任意性。在其他方面，它們或許更不容易導致懷疑和爭論。

在這個王國，[18]最近幾年，在**現實**生活中的人們如此不斷地盛行賣弄**公共精神**、在**思辨生活**中的人們如此不斷地盛行賣弄**仁愛**，而兩者又各自毫無疑問地被探查到如此眾多的虛假的矯飾，以致世人很容易不帶任何惡意就在這些道德稟賦頭上發現一種陰鬱的懷疑，甚至有時很容易絕對地否認這些稟賦的實存和實在性。同樣，我發現，古代**斯多亞派**和**昔尼克派**關於**德性**的無盡無休的侈談，他們的壯麗的宣言和纖弱的表現，引起了人類的厭惡；儘管在快樂上恣意放縱、在其他方面卻是一位相當道德的作家的琉善，[19]有時不表現一些怨怒和嘲諷就不能談論被那樣誇耀的德性。[20]但是這種乖戾的敏感，不論它究竟由何而產生，推想無法被進展到那樣的程度，以至於使我們否認任何一種價值的實存，否認作風和行爲的一切區別。且不論**審慎**、**小心謹慎**、**大膽進取**、**勤奮**、**刻苦**、**儉省**、**節約**、**理智健全**、**明智**、**明辨**，我是說，且不論單單其名稱就直接表明其價值的這些稟賦，還有許多其他稟賦，它們是甚至最堅決的懷疑主義者任何時候都不能拒絕予以稱讚和讚許的。**自我克制**、**冷靜**、**忍耐**（patience）、**堅貞**、**堅毅**、**深謀遠慮**、**周密**、**保守祕密**、**有條理**、**善解人意**、**殷勤**、**鎮定**、**思維敏捷**、**表達靈巧**，這些以及成千上萬的此類德性，沒有人會否認是卓越的特質和優點。由於它們的價值在於擁有它們的那個人服務的趨向，並不帶有任何爲了公共的和社會的價值的壯麗主張，因此我們並不太在意它們的矯飾，而樂意將它們納入值得讚揚的特質的項目。我們並不覺得，透過這一讓步，就已經爲所有其他道德優點鋪平道路，能夠不再對無私的仁愛、愛國主義（patriotism）和人道猶豫不決。

其實看來毫無疑問，最初的現象在這裡和通常一樣極富欺騙性，以一種思辨方式將我們所歸予上述自私性德性的價值分解成自愛要比將甚至社會性德性如正義和慈善的價值分解成自愛更困難些。對於後面這個目的，我們只需說明，凡是促進社會的好處的行爲，因爲這種爲人人所分享的效用和利益，都是受社會所熱愛、稱讚和敬重的；儘管這種感情和尊重其實是感激而非自愛，然而甚至性質這樣明顯的一種區別，那些膚淺的推理者也不能樂意去做出，這樣至少暫時還存在維持吹毛求疵和爭辯的餘地。但是由於僅僅有助於它們的擁有者的效用、而與我們或社會沒有任何關聯的特質仍是受敬重和尊重的，因此透過什麼理論或體系，我們才能說明這種出自自愛的情感或將它從這個爲人所鍾愛的起源中推演出來呢？這裡似乎必須承認，他人的幸福和苦難並不是與我們完全漠不相關的景觀；他人的幸福不論在其原因或結果上的景象，都像燦爛的陽光或精心耕種的田野景色（不把我們的主張提得更高），給人內心的歡樂和滿足；他人的苦難的現象，則像一片低垂的烏雲或貧瘠的風景，給想像力抹上一層抑鬱的陰沉。而這個讓步一旦作出，困難就迎刃而解，我們就可以希望，對人類生活現象的一種自然的而非牽強的解釋，從此將在所有思辨的探究者中盛行開來。

第二節

在這個地方，觀察一下身體稟賦和財富利益對我們的尊重和敬重的情感的影響力，思考一下這些現象是增強還是削弱目前這個理論，絕對是適當的。人們自然地期望，身體的美，正如所有古代道德家所設定的，在某些方面將類似於心靈的美；所給予一個人的每一種敬重，在其起源中也將有某種類似物，無論這種敬重是產生於他的心理的（mental）稟賦，還是產生於他的外在環境。

顯而易見，在所有動物中，美的一個相當重要的源泉是它們由自身肢體和器官的特定結構而獲得的好處，這種結構是與大自然給它們命定的特定生活方式相適應的。色諾芬[21]和維吉爾[22]所描述的馬的正當的比例與我們現代騎師們今天所接受的是同一種，因爲它們的基礎是同一個，即，對於在這種動物中什麼是有害的或有用的之經驗。

寬闊的雙肩、瘦細的腰腹、堅實的關節、修長的雙腿，所有這些在人類中是美的，因爲它們是力量和活力的標誌。效用及其對立面的觀念，儘管它們並不完全規定什麼是漂亮或醜陋，卻顯然是相當大一部分讚許或厭惡的源泉。

在古代，身體的力量（force of body）和靈巧在戰爭中有著更大的用途和重要性，也比現在更受敬重和重視得多。且不說荷馬和詩人們，我們可以看到，歷史學家們對甚至他們承認爲全希臘最偉大的英雄、政治家和將軍的伊巴密濃達，[23]也都毫無顧忌地在其才藝中提到

身體的力量。[24]相似的稱讚也被給予羅馬最偉大的人物之一龐培。[25][26][27]這個事例類似於我們前面關於記憶力所看到的情形。

對於男女兩性，何等的嘲弄和輕蔑伴隨著**性無能**，當這個不幸的對象被視爲一個被剝奪了如此首要人生快樂的人，同時被視爲一個喪失了將這種快樂傳達給他人的能力的人時。女人的**不育**也是一種**無效用**，因而是一種恥辱，不過程度不同而已；按照目前這個理論，其理由不言而喻。

在繪畫和雕塑中，最必不可少的規則莫過於使形象平衡，根據它們的適當的重心而將它們置於最精確的位置。一個沒有適當平衡的形象是醜的，因爲它傳達出傾跌、傷害和痛苦這些令人不快的觀念。[28]

使一個人得以提高其社會地位和增進其財富的心靈氣質或傾向配享敬重和尊重，這已經得到解釋。因此，可以自然地假定，對財富和權威的現實的占有將對這些情感具有相當大的影響力。

讓我們考察我們可以借之說明所給予財富和權力的尊重的任何一個假設，我們將發現，除了這個假設之外找不出任何令人滿意的，即，所給予財富和權力的尊重來源於繁榮、幸福、舒適、富足、權威以及各種欲望的滿足等意象給旁觀者帶來的享受。譬如，自愛，有些人那樣喜愛將它看作一切情感之源，顯然不足以說明這種尊重。在沒有善意或友誼出現的地方，很難設想出我們據以能指望從他人的財富而獲得自己的好處的任何東西，儘管我們自然地尊敬富人，甚至在他們對我們顯示任何如此令人好感的氣質以前。

當我們距離他們的活動範圍很遠，以致他們甚至不能被設定擁有爲我們服務的力量時，我們也爲相同情感所打動。在一切文明的民族中，戰俘受到與其身分相稱的尊重；顯而易見，財富在確定一個人的身分時起著相當大的作用。如果出身和特質也起著一部分作用，這仍然爲我們提供一個對當前目的的證明。因爲我們之所以稱一個人出身顯貴，難道不是因爲他是一個其祖先有財富有權力的世家的後裔，不是由於與我們所敬重的人有關係而獲得我們敬重嗎？因此，他的祖先雖已去世，然而由於他們的財富，在某種程度上仍然受到尊敬；因此，這種尊敬不帶有任何種類的期望。

但是不必遠到戰俘或逝者那裡去尋找對財富的這種無私的尊重的事例，我們只要稍稍留心觀察日常生活和交流中所出現的那些現象即可。我們將假定，一個人自己具有足夠的財富卻沒有任何職業，被引薦給一群素不相識的人，當他被告知他們不同的財富和身分時，他將自然地以不同程度的尊敬去對待他們，儘管他絕不會非常突然地提出、而且，或許也不會接受來自他們的任何金錢上的好處。旅行家總是依照其隨從和裝備顯示他是豪富還是中殷而被相應的交際圈所接納，並受到相應的禮遇。簡而言之，人們的等級差異在很大程度上是受財富所規範的，這對上等人與對下等人、對生人與對熟人都是一樣。

因此，剩下的只是推斷，當財富被我們自己僅僅作爲滿足我們現在或某一想像的未來時期的欲望的手段而欲求時，它們單純因爲它們具有那種作用才引起他人的敬重。這其實正是它們的本性或本質；㉙它們與生活的滿足、便利和快樂直接地關聯著。不然，一個破產銀行家的匯票或一座荒島上的黃金就會有其十足的價值。當我們接近一個我們認為自在的人時，我們就獲得富足、滿意、清潔（cleanliness）、溫暖這些令人快樂的觀念，如愜意的住房、雅致的陳設、周到的服務以及飲食或穿著上凡令人稱心如意的東西。反之，當一個窮困的人出現時，匱乏、赤貧、勞苦、骯髒的傢俱、粗糙的或襤褸的衣衫、倒胃的食物和敗味的烈酒這些令人不快的意象就直接刺激我們的鑒賞力。說一個人富、另一個人窮，我們難道還有什麼別的意味嗎？由於尊重或輕蔑是這兩種不同生活境況的自然的後果，因此很容易看出這為我們前述關於所有道德區別的理論增加了什麼額外的證據和證明。㉚

一個人倘若已經根除一切荒謬的偏見，根據經驗和哲學充分地、真誠地和堅定地相信財富的差異所造成的幸福的差異並沒有一般所想像的那樣大，這個人將不會依照他的熟人的租冊來分配他的敬重的程度。誠然，他可能在外表上對貴胄比對奴僕表現出更多的敬意，因為財富是最固定、最明確因而也是最方便的區別的源泉；但是他內在的情感更是由人們的人格特徵，而非由命運的偶然的和無常的惠愛所規範的。

在歐洲大多數國家，門第，亦即打上君王授予的頭銜和徽章的印記的世襲財富，是區別的主要本源。在英國，則更注重現有的富饒和富足。兩種做法各有其利弊。在出身受尊敬的地方，消極萎靡的心靈耽於傲慢的怠惰，一心夢想的只有血統和譜系；慷慨而有抱負的人追求榮譽和權威、名譽和特權。在財富是主要偶像的地方，腐敗、賄賂、劫奪盛行；技藝、製造業、商業、農業興盛。前一種偏見有利於武德，更適合於君主政體；後一種偏見是勤奮的主要動力，更適合於共和政體。基於此，我們發現，這些政體形式透過改變那些習俗的效用，各自通常對人類的情感具有相應的影響力。

【注釋】

①《休謨哲學著作集》注：在第一版中有一個對這一主題的劃分作爲本章的導引，現置於附錄四中。

② 即亞里斯多德學派。——譯者注

③ 人們可以大膽斷言，不存在這樣的人類被造物，對他而言幸福的現象（當沒有嫉妒或報復心時）不產生快樂，苦難的現象不產生不安。這似乎是與我們的構造和組織不可分離的。但是唯有那些心靈慷慨的人，才因此被激發出熱心爲他人謀利益，並對他人的幸福懷有一種實在的激情。至於那些精神狹隘和吝嗇的人，這種同情則無法超出想像力微弱的感受，這種微弱的感受僅僅有助於激起滿足或責難的情感，和使這些情感把光榮或恥辱的名稱運用於對象而已。例如，一個吝嗇的守財奴極端稱讚別人的**勤奮**和**省儉**（frugality），並在他的評價中將它們置於所有其他德性之上。他知道它們所產生的好處，並以一種比你們所能向他描繪的任何同情更加強烈的感受那種幸福，儘管他或許並不會拿出一個先令來讓他那樣高度稱讚的那個勤奮的人去發財。

④ 即中世紀法國哲學家布里丹（Buridan，約一三〇〇—一三五八年）。——譯者注

⑤ 克倫威爾，Cromwell，一五九九—一六五八年，英國資產階級革命獨立派領袖。一六四九年處死國王查理一

世，宣布成立共和國；一六五三年建立軍事獨裁統治，自任「護國主」。——譯者注

⑥ 德雷茲，De Retz，一六一三—一六七九年，法國教士、主教，一生熱衷於政治陰謀。——譯者注

⑦ 斯威夫特，Jonathan Swift，一六六七—一七四五年，英國作家，神學博士，代表作有長篇小說《格列佛遊記》。——譯者注

⑧ 波呂斐摩斯，Polyphemus，希臘神話中的獨眼巨人，海神波塞冬和仙女索歐撒之子。希臘英雄奧德修斯一行回國途中落入其手，四個同伴慘遭其吞食，奧德修斯最終機智地將他灌醉，弄瞎其獨眼後，攀附在羊腹下逃走。——譯者注

⑨ 聖埃弗雷蒙，St. Evremond，一六一〇—一七〇三年，法國作家，耶穌會士。有喜劇作品流傳於世。——譯者注

⑩ 蒂雷納元帥，Mareschal Turenne，一六一一—一六七五年，法國最偉大的軍事家之一。十四歲開始學習戰爭，一生英勇善戰，善於避實就虛尋找機會，在強敵受挫遭削弱後又善於積極進攻並奪取勝利。他指揮的戰役後來被拿破崙推薦給所有士兵「學習、學習、再學習」（read and re-read）。——譯者注

⑪ 馬基雅弗利，Machiavelli，一四六九—一五二七年，義大利歷史學家、政治思想家，主要著作有《君主論》、《佛羅倫斯史》、《論提圖斯・李維的〈羅馬史〉前十卷》等。——譯者注

⑫ 費邊，Fabius，約西元前二八〇—前二〇三年，古羅馬統帥、執政官。他在與漢尼拔軍隊作戰的過程中穩健慎重，避其鋒芒而採用遷延術與之周旋，因此被譏稱爲「謹慎者」或「遲延者」（cunctator）。——譯者注

⑬ 西庇奧，Scipio，西元前二三七—前一八三年，古羅馬將軍、執政官。二十七歲出任西班牙總司令官，指揮

與迦太基軍隊作戰，極富冒險精神。——譯者注

⑭《斐多篇》。

⑮意即「儉省」是「貪婪」和「揮霍」之間的中間狀態。——譯者注

⑯Lib. xvii. cap. 35.（波里比阿：《歷史》，卷十七，第三十五章。）

⑰Fuit in illo ingenium, ratio, memoria, literae, cura, cogitatio, diligentia, & c. Philip. 2.（其中有天才、理性、記憶力、教養、謹慎、深思、勤奮等等。《腓力》，二。）

⑱即英國。——譯者注

⑲琉善，Lucian，約一二〇—一八〇年，古羅馬諷刺作家，伊比鳩魯主義者。——譯者注

⑳Αρετην τινα και ασωματα και ληρου μεγαλη τη φωνη ξυνειροντων. Luc. Timon. 9.（「任何德性不是無形之物，就是外表莊嚴的一堆廢話。」琉善：《蒂孟》，九。）又，Και συναγαγοντε（οι φιλοσοφοι）ευεξαπατητα μειρακια την τε πολυθρυλλητὸν αρετην τραγωδουσι. Icaro-men.（「哲學家們把容易受騙的年輕人引向陳腐的德性，這是一種可悲的做法。」《伊卡諾—墨尼波斯》。）在另一處，Η που γαρ εστιν η πολυθρυλλητο αρετη, και φυσι, και ειμαρμενη, και τυχη, ανυποστατα και κενα πραγματων ονοματα. Deor. Concil. 13.（「被人講爛了的德性、本性、命定、運氣以及諸如此類令人難以忍受的空洞的事物，這些都在哪裡呢？」《眾神的會議》，十三。）

㉑色諾芬，Xenophon，約西元前四三〇—前三五四年，古希臘歷史學家，蘇格拉底的學生。著有《遠征記》、《希臘史》、《回憶蘇格拉底》等。——譯者注

㉒ 維吉爾，Virgil，西元前七〇—前十九年，古羅馬詩人，著有史詩《伊尼阿德》等。——譯者注

㉓ 伊巴密濃達，Epaminondas，約西元前四二〇—前三六二年，古希臘底比斯統帥、政治家。對內大力實行民主政治，進行軍事改革，對外曾組織反斯巴達同盟，從而使底比斯爭霸希臘。——譯者注

㉔ Diodorus Siculus，lib. xv.（西西里人狄奧多羅斯：《歷史叢書》，卷十五。）爲了展現那些時代所盛行的關於完美價值的觀念，像這位歷史學家所描繪的那樣，給出伊巴密濃達的性格不可能是不合適的。這位歷史學家說，在其他傑出人物中，你們將看到每個人只擁有某一種閃光的特質，它構成他的名望的基礎；而在伊巴密濃達身上，你們將發現所有德性都統一起來，身體的力量、表達的雄辯、心靈的活力、對財富的輕蔑、氣質的高貴以及那尤其令人尊重的東西，即戰爭中的勇敢和表現。

㉕ 龐培，Pompey，西元前一〇六—前四八年，古羅馬統帥、執政官。——譯者注

㉖ Cum alacribus, saltu; cum velocibus, cursu; cum validis recte certabat. Sallust apud Veget.（「與靈敏者比跳，與迅捷者賽跑，與強者公平競爭。」韋格提烏斯所引薩魯斯特語。）

㉗ 這裡的注釋㉔和㉖在 Selby-Bigge 版中的位置是顛倒的，這裡是根據《休謨哲學著作集》安排。——譯者注

㉘ 所有人都同樣地容易遭受痛苦、疾病和不適，並可以再恢復健康和舒適。這些情形，由於它們並未在人與人之間作出任何區別，因而不是驕傲（pride）或謙卑（humility）、尊重或輕蔑的源泉。但是當我們拿自己的種類和更高的種類相比較時，就會產生一種非常令人屈辱的想法，認爲人類全都太容易染患疾病和變得虛弱，因此神學家們利用這個話題以抑制我們的自負和虛榮心。倘若我們的思想傾向總是朝向拿我們自己的種類和其他種類相比較，則神學家們就會更加成功。老年人的虛弱是令人屈辱的，因爲可能發生和年輕人相比

較。君王的罪惡被精心掩蓋，因爲它影響他人，並常常傳播給子孫後代。這種情形與諸如給人任何噁心或恐怖的意象的那些疾病，如癲癇、潰瘍、瘡疤、癬疥等，近乎是同樣的。

㉙ 「本質」在《休謨哲學著作集》中原文爲 essence，在 Selby-Bigge 版中原文爲 offence，根據上下文來看，顯然前者是正確的，後者是排版之誤。——譯者注

㉚ 當我們考慮他人的財富和境況時，在我們的激情的作用中有某種不同尋常的、表面上似乎不可解釋的東西。他人的進步或繁榮極其經常地引起嫉妒，這種嫉妒混合著濃厚的仇恨，主要產生於我們和那個人相比較。與此同時或至少間隔極短，我們就可以感受到尊敬的激情，這是一種混合著謙卑的好感或善意。反之，同胞的不幸經常引起憐憫，這種憐憫在其自身中混合著濃厚的善意。這種憐憫的情感與輕蔑緊密地關聯著，而輕蔑是一種混合著驕傲的厭惡。我只指出這些現象，作爲像對於道德探究一樣令人好奇的一個思辨的主題。對於我們當前的目的，一般說來注意到權力和財富通常引起尊敬、貧窮和卑賤引起輕蔑就足夠了，儘管特定的景象和事件有時可能引起嫉妒和憐憫的激情。

第七章　論直接令我們自己愉快的特質

不論誰與嚴肅穩重、性情抑鬱的人們共度一個傍晚，看到一個性情幽默、生氣活潑的夥伴的到來一下子就使談話活躍起來，人人變得精神煥發、語言生動、舉止輕快，這個人將容易承認，**歡喜**（cheerfulness）①攜帶著巨大的價值，自然地贏得人們的好感。實際上，再沒有一種特質是更容易將其自身傳達給周圍所有人的，因爲在愉快的談話和愜意的消遣中，再沒有一種特質具有更大的展示其自身的傾向。它的光芒照耀整個交際圈，惱怒已極和苦悶不堪的人也常常爲之融化。雖然賀拉斯說，抑鬱的人討厭歡樂的人，對此我卻難以苟同，因爲我總是觀察到，哪裡有適度和合乎禮儀的樂趣，哪裡嚴肅穩重的人們就完全是更感高興的，因爲它驅散了那平常壓抑他們的陰鬱，給予他們一種不同平常的享受。

從歡喜在傳達其自身和博得讚許這兩方面的這種影響力，我們可以知覺到還有另一系列的心理特質，它們毋須對社會或對它們的擁有者自身的任何效用或任何更大利益趨向，就給予旁觀者以一種滿足，並贏得他們的友誼和尊重。對於那個擁有它們的人，它們的直接的感覺是愉快的。而他人，則透過感染或自然的同情而進入這同一種愉快的心境，領略這種情感；由於我們禁不住熱愛凡是使人快樂的一切，因而對於那個傳達出如此巨大滿足的人我們就油然生起一種好感。與倘若我們面對一個性情抑鬱、沮喪、惱怒和焦慮的人相比，他就是一個更激發我們活力的奇觀，他的在場使我們獲得更多的寧靜的愉悅和享受，我們的想像力只要進入他的感情和氣質就受到更愉快的感染。因此，伴隨後者的就是好感和讚許；對待前者的則是厭惡和反感。②

很少有人會嫉妒凱撒[3]所描繪的凱西烏斯[4]的性格：

他從不喜歡娛樂，
正如你安東尼；他從不聽音樂；
他偶爾露出微笑，笑容卻又那般
彷彿在嘲笑自己，嘲弄自己那
可以驅動來譏笑一切的心靈。

這樣的人不但如凱撒所補充道的通常是**危險的**，而且即使他們內心有些許歡樂，他們也絕不能變得令他人愉快，或有助於社交性的娛樂。在一切禮儀之邦和時代，對享樂的喜好，如果有節制和正派（decency）相伴隨，甚至在那些最偉大人物身上也被尊崇爲一種相當重要的價值，而在那些等級低下、身分卑微的人身上就變得更加不可缺少。一位法國作家對他自己心靈在這方面的狀況作過一個令人愉快的描繪，他說：「我愛不嚴厲的德性，我愛不嬌縱的快樂，我愛不懼其終結的人生。」[5]

對於心靈的偉大或性格的高貴的任何卓越的事例，對於對情感的昇華、對奴役的輕蔑，對於起源於德性自覺的那種高貴的驕傲和氣概（spirit），誰不受到震撼呢？朗吉努斯[6]說，崇高經常不外是恢弘大度（magnanimity）的回聲或影像；這種特質在任何一個人身上顯現出來，縱然他一言不發，也會激起我們的讚美和欽敬。這在《奧德賽》中埃阿斯[7]的著名的沉默裡可以觀察到，埃阿斯的沉默表達了任何語言都不能傳達的更高貴的輕蔑和更決然的憤慨。[8]

帕曼尼奧[9]說：「如果我是亞歷山大，[10]我將接受大流士[11]的這些提議。」亞歷山大回答：「如果我是帕曼尼奧，我也如此。」朗吉努斯說，根據一條類似的原則，這個說法是值得欽敬的。[12]

當士兵拒絕跟從亞歷山大遠征印第斯[13]時，這位英雄對他們說：「去吧！去告訴你們的同胞，你們離開了正在完成征服世界的亞歷山大。」對於這段話孔代親王[14]欽敬不已，他說：「亞歷山大被部卒所拋棄，身處尚未完全臣服的蠻邦，自己內心卻有著這樣一種帝王的尊嚴感和權利感，以致不能相信任何一個人都可能拒絕服從他。不論在歐洲或在亞洲，不論在希臘人中或在波斯人中，一切對他都沒有什麼兩樣：不論哪裡他找到人，他就想像他將找到臣民。」

悲劇中美狄亞[15]的知己建議她謹慎和屈服，並在列舉這位不幸女英雄的所有危難之後問她，她以什麼來支持她面對爲數眾多的死敵。她回答：「我自己，我是說就我自己，我自己足矣。」布瓦洛[16]正當地將這段話推崇爲眞正的崇高的一個事例。[17]

當伏西翁，謙遜（modesty）而又高貴的伏西翁[18]被帶往行刑時，他轉身對一個正在哀歎自己命運舛的難友說：「你與伏西翁一道死，這難道不是你莫大的榮耀嗎？」[19]

在塔西佗筆下，維提里烏斯[20]從帝位上摔下來，在因可憐的貪生而苟延其恥辱時，被交給了冷酷無情的暴民，受拽拖、遭毆打、被踹踢，在他們以刀尖抵頦的情形下，被迫抬起頭來，任自己受盡侮辱。何等淒慘的出醜！何等下賤的蒙辱！然而甚至在這裡，面對這幅慘景，這位歷史學家卻說，他發現了一顆並未完全墮落的心靈的某些徵象。對一個侮辱他的護民官，他回答說：「我仍然是你的皇帝！」[21]

我們從不原諒一個人的性格絕對地缺乏氣概和尊嚴，亦即他在社會中和在日常生活交往中對歸於其自我的某種東西的一種適當的感覺。這種惡行構成我們恰當地稱謂的**卑賤**，例如一個人爲了達到自己的目的而可忍受最低賤的奴役，巴結那些凌辱他的人，和親近那些不值得交往的低賤之輩而降低自己。某種程度慷慨的驕傲或自重是如此不可缺少，以致心靈中沒有它就使人感到不快，其情形正如同臉上沒有鼻子、眼睛，或任何最關鍵的部分，或身體沒有任何最關鍵的肢體一樣。[22]

勇敢對公共和對那個擁有它的人的效用，是它的價值的明顯的基礎；但是對於任何一個充分看重勇敢的價值的人，這個特質似乎還有另外一種特別的光輝，這種光輝完全來自它自身，來自與它自身不可分離的那種高貴的昇華。它在畫家和詩人筆下的形象，每一個細節都展現出莊嚴和無畏的自信，這種莊嚴和無畏的自信吸引目光、博得感情、並透過同情而將一種類似的莊嚴之情傳播給每一位旁觀者。

當德摩斯替尼[23]爲他自己的執政辯解，爲他曾用以激勵雅典人的那種對自由的堅貞的熱愛辯護時，這位演說家是在以何等絢麗的色彩描繪腓力啊！他說：「我注視腓力，這個你們曾與之不屈不撓戰鬥過的人，他在對帝國和版圖的追求中飽受了一切傷創，他的眼睛劃破了、脖子扭傷了、臂膀和大腿刺穿了，不論命運想要攫取他身體的哪個部分，他都心甘情願地予以捨棄，假如憑藉剩下的，他可以光榮而聲名顯赫地活著。有人會說，他出生在佩拉[24]這個從前卑微低賤的地方，就應當受到如此高度的野心和如此強烈的名望欲的激勵；而你們雅典人，則如何如何。」這些讚美激起我們最強烈的欽敬，但是我們看到，這位演說家所描繪的景象並沒有將我們提高到這位英雄本人之上，也絕沒有注重他的英勇在將來的有益後果。

羅馬人好戰的稟性在連綿不斷戰爭的烈焰的催化下，把他們對勇敢的敬重提升到如此高度，以致在他們的語言中，勇敢由於其對一切其他道德特質的優越性和卓越性而被稱為德性。依塔西佗之見，[25]「蘇維威人[26]懷著一種值得稱道的意圖而裝扮他們的頭髮；不是為了愛和被愛，他們裝飾自己只是為了敵人，為著看上去更加恐怖。」這位歷史學家所說的這種情感在其他民族和其他時代可能聽起來很古怪。

按照希羅多德的說法，[27]西徐亞人[28]把敵人剝剮之後將他們的皮膚像皮革一樣穿戴、作為手巾一樣使用，他們中誰的這種手巾最多，誰就最受敬重。在這個民族，也像在許多其他民族一樣，對戰爭的英勇的過分崇尚毀滅了人道的情感，這一肯定更有用和更魅人的德性。

其實可以觀察到，在迄今尚未充分經驗到仁愛、正義以及其他各種社會性的德性所帶來的好處的一切未開化的民族中，勇敢是最卓越的優秀特質，最爲詩人們所謳歌、最受父母和導師們所推崇、最被全體公眾所欽敬。在這個方面，荷馬的道德準則與其卓越的模仿者費奈隆[29]的道德準則完全不同，它們十分適合於那樣一個時代，在那裡正如修昔底德所談到的那樣，[30]一個英雄可以問另一個英雄他是否是強盜卻並不至於冒犯他。這也正是晚近愛爾蘭許多野蠻地區所盛行的那套道德準則，如果我們可以信賴斯賓塞[31]對那個王國的狀況所作的富有見地的說明的話。[32]

與勇敢同屬一類德性的是那種超越於痛苦、悲傷、焦慮以及命運的各種打擊之上，不受干擾的哲學的寧靜。哲學家們說，哲人自覺到自己的德性，使自己超然於人生的一切偶然之上，穩居於智慧的聖殿之中，俯視那些汲汲營營追逐榮譽、財富、名望以及各種無謂享受的下界凡夫俗子們。毫無疑問，這些自負的主張，當擴展到極致時，就是過於恢弘壯麗而不適合於人類本性的。然而，它們帶有一種抓住旁觀者、並激起他們欽敬的莊嚴。我們在實踐中愈能貼近這種崇高的寧靜和淡泊（因爲我們必須將它與愚蠢的麻木區別開來），我們在自己內心就將獲得愈可靠的享受，就將發現心靈比世界愈偉大。其實，這種哲學的寧靜只能看作恢弘大度的一個分支。

誰不欽敬蘇格拉底，不欽敬他身處赤貧和家庭煩惱中卻始終如一地保持平靜和滿足，不欽敬他在拒絕朋友和門徒的一切幫助，乃至避免依賴於任何恩惠時表現出的對財富的斷然輕蔑和對維護自由的慷慨關懷？愛比克泰德[33]一無所有，以致沒有一扇門來遮擋其陋室或者說茅屋，故而不久便丟失了他的鐵燈，那唯一值得拿走的家當。而他決意讓以後的一切盜賊失望，代之以一盞陶燈，這盞燈他從此以後一直太平地保有著。

在古代人中，哲學的英雄也和戰爭的英雄、愛國的英雄一樣，具有一種情感上的莊嚴和力量，現代人褊狹的心靈為之感到驚訝，將之當作過度的和超自然的而輕率地予以拋棄。我認為，他們反過來也將有同等理由把人道、仁慈、秩序、安定以及現代政府管理中所達到的各種其他社會性的德性，視為不切實際的和不可思議的，如果他們那個時代能夠有人對這些社會性的德性作出清楚描繪的話。這是大自然，或者寧可說教育，在將各種卓越的特質和德性分配給不同時代時所作出的補償。

仁愛的來自其效用和促進人類利益的趨向的價值已經得到了解釋，而且毫無疑問，這份價值是對仁愛表示如此普遍的敬重的**相當大**一部分源泉。但是人們也將承認，仁愛情感的溫柔和體貼，它的迷人的親切、溫情的表達、無微不至的關懷，以及那在愛和友誼的熱烈依戀方面發揮著作用的相互信賴和尊重的全部流露，我是說，人們將承認，這些感受在令他們自己愉快的同時，必然被傳達給旁觀者，將他們融化在這同樣溫情和體貼中。當我們領略這類熱烈的情感時，我們自然就熱淚盈眶，胸膛起伏、心潮澎湃，而我們本性結構中的每一條人道溫柔的原則就會發動，給予我們最純淨、最滿足的享受。

詩人們在對天堂樂土進行描繪時，雖然認為那些神聖的居民毋須相互幫助就可以存在，卻仍將他們描繪爲經常保持著愛和友誼的交流，借助這些柔和優雅的激情的令人愉快的意象來撫慰我們的鑒賞力。根據同樣的原則，關於田園牧歌式的阿卡迪亞[34]的溫柔寧靜的觀念是令人愉快的，這在前面已有說明。[35]

誰願意生活在無盡無休的爭吵、辱罵和相互攻訐之中呢？這些情緒的粗暴和尖刻干擾我們，使我們感到不快；我們由於感染和同情而遭受痛苦，我們也不能繼續作漠然中立（indifference）的旁觀者，即使我們可以確信這種憤怒的激情絕不會帶來任何有害的後果。

作爲仁愛的價值並非全部導源於其有用性的一個確定的證據，我們可以觀察到，有一種親切的譴責方式，即當一個人超出他的社會職責，去關心他自己職權範圍以外的他人時，我們就說他是「太善良的」。依照類似的方式，我們也說一個人是「太有氣概的」、「太無畏的」、「太漠視命運的」；這些責備其實在根本上比許多頌揚還包含更多的敬重。由於我們已經習慣於按照性格的有用的或有害的趨向來評判它們的價值或過失，因此當我們發現一種情感達到傷害的程度時，我們就禁不住使用這個譴責的言辭（verbal）；但是同時也可能出現這樣的情形，這種情感的高貴的昇華或迷人的溫柔是那樣動人心弦，以至於反而增強我們對那個人的友誼和關懷。[36]

在聯盟內戰期間，[37]法蘭西亨利四世[38]的戀愛和戀情經常損害他的利益和事業；但是至少所有那些能對這種溫柔的激情發生同情或共鳴的多情的年輕人都將承認，正是這個弱點（他們將更樂意於使用弱點這個詞）尤使這位英雄令人喜愛，並使他們對他的好運感興趣。

查理十二世[39]的過度英勇和堅定不屈毀滅了他的社稷，侵擾了他的眾鄰；但是它們在外觀上卻有著那樣的莊嚴和偉大，以至於激起我們的欽敬；而且它們如果不是有時表現出過於明顯的瘋狂和迷亂的徵象，它們在某種程度上甚至可能獲得我們的稱讚。

雅典人自稱最先發明了農業和創制了法律，而且總是極端誇耀由此而給整個人類帶來的利益。他們也自誇（而且有理由）他們的戰爭業績，尤其是對大流士[40]和澤爾士[41]統治期間入侵希臘的那些難以計數的波斯戰艦和軍隊的戰爭。在這些和平的榮譽和戰爭的榮譽之間，儘管就效用而論無法進行比較，然而我們發現，爲這座名城[42]寫下精美頌詞的演說學家們都主要以展示其戰爭成就而獲得成功。呂西阿斯、[43]修昔底德、柏拉圖、伊索克拉底，他們全都有著同樣的偏重，這種偏重儘管受到平靜的理性和反思的譴責，然而在人類心靈看來卻是那樣自然。

可以觀察到，詩的巨大的魅力在於崇高的激情如恢弘大度、勇敢、藐視命運等的生動的形象，或溫柔的感情如愛和友誼等的生動的形象中，這些生動的形象溫暖人心（heart），向人心傳播類似的情感和情緒。儘管可以看到，所有種類的激情，甚至諸如悲傷和憤怒這些最令人不快的激情，當被詩激發出來時，都傳達出一種根據自然機制不容易得到解釋的滿足，然而，那些更崇高或更溫柔的感情卻有一種特殊的影響力，並由於一個以上的原因或原則而使人快樂。更不用說，惟有它們才激發我們對詩中人物的命運的興趣，或傳達對這些人物的性格的任何敬重和好感了。

難道或許可以懷疑，詩人的這種打動激情的才能本身，情感的這種崇高，是一種非常重要的價值，而且當它被它的極端稀罕所增值時，可以將擁有它的那個人提升至他所生活的時代的一切人物之上嗎？奧古斯都[44]的機智、靈巧、穩重和仁政，在其高貴的出身和威嚴的皇冠的全部莊嚴華彩裝飾下，使得他與維吉爾在名望上成爲不平等的競爭者，後者除了詩歌天分的神性美，沒有任何東西可以充當與之相抗衡的籌碼。

對這些神性美的那種感受性，或者說一種精緻的趣味，其本身在任何人物身上都是一種美；因爲它傳達出一切享受中最純淨、最持久和最無害的享受。

以上事例說明，有一些種類的價值之所以受到珍視，是因爲它們直接傳達快樂給那個擁有它們的人。效用的觀點或將來有益結果的觀點並沒有進入這種讚許的情感中；然而這種讚許的情感卻與由公共的或私人的效用的觀點所產生的另一種讚許的情感屬於一個相似的類型。我們可以觀察到，這兩種情感都產生於同一種社會性的同情，亦即對人類幸福或苦難的同胞感（fellow-feeling）；我們目前這個理論的所有部分中的這種類比，都可以正當地視之爲對這種社會性的同情的一種確證。

【注釋】

① Cheerfulness 一詞在漢語中很難找到十分貼切的表達。它的主要含義是「振奮」、「快樂」、「高興」和「喜悅」；在這裡，我暫且試譯作「歡喜」。——譯者注

② 不存在這樣的人，他在任何特定的場合都不受任何令人不快的激情如恐懼、憤怒、沮喪、悲痛、抑鬱、焦慮等所影響。但是這些激情，就它們是自然的和普遍的而論，並沒有在人與人之間造成任何差異，因而也絕不能是譴責的對象。只有當人的氣質對任何這類令人不快的激情發生一種**偏好**時，它們才有損性格形象，並因爲產生不快而傳達給旁觀者以責難的情感。

③ 凱撒，Caesar，西元前一〇〇—前四四年，古羅馬執政官、統帥，獨裁者和作家。其著作有《高盧戰記》和《內戰記》等。——譯者注

④ 凱西烏斯，Cassius，早於西元前八五—西元前四二年，古羅馬貴族、高官，西元前四四年刺殺獨裁者凱撒的密謀集團的首領之一，曾被人稱頌爲愛國者。——譯者注

⑤ *J'aime la vertu, sans rudesse;*
J'aime le plaisir, sans molesse;
J'aime la vie, et n'en crains point la fin.
——聖埃弗雷蒙。

⑥ 朗吉努斯，Longinus，二一三—二七三年，古羅馬修辭學家和新柏拉圖主義哲學家，有《論崇高》等作品流傳於世。——譯者注

⑦ 埃阿斯，Ajax，希臘傳說中薩拉米斯王特拉蒙之子，通稱大埃阿斯。他在與奧德修斯爭奪英雄阿喀琉斯的冑甲中，因奧德修斯行賄而失敗，憤然自殺（suicide）。後來奧德修斯遊冥界時遭遇其陰魂，被其以沉默相對待。——譯者注

⑧ Cap. 9.（《論崇高》，第九章。）

⑨ 帕曼尼奧，Parmenio，約西元前四〇〇—前三三〇年，馬其頓將軍，公認爲腓力二世及其子亞歷山大大帝麾下最優秀的將領。——譯者注

⑩ 亞歷山大，Alexander，西元前三五六—三二三年，馬其頓國王。西元前三三四—前三三〇年領導擊退大流士三世的波斯軍隊，並率大軍征服波斯全境。——譯者注

⑪ 大流士三世，Darius III，西元前三八〇—前三三〇年，古波斯帝國末代國王。——譯者注

⑫ Cap. 9.（《論崇高》，第九章。）

⑬ Indies，似乎即印度。——譯者注

⑭ 孔代親王，Prince of Condé，一六二一—一六八六年，法國將領。——譯者注

⑮ 美狄亞，Medea，希臘神話中神通廣大的女巫，科爾喀斯公主。自古希臘歐里庇得斯以來不斷有人以她爲悲劇的主題。據說，她愛上了伊阿宋，幫他殺死了她自己的兄弟，搶走了她自己父親的金羊毛，遭伊阿宋所遺棄後，又親手殺死了自己和伊阿宋所生的兩個兒子，以懲罰丈夫的薄情。她通常被當作特立獨行、敢作敢爲、情感熾烈的女性之典型。——譯者注

⑯ 布瓦洛，Boileau，一六三六—一七一一年，法國新古典主義美學家和文藝批評家。——譯者注

⑰ Réflexion 10 sur Longin.（關於朗吉努斯的反思之十。）

⑱ 伏西翁，Phocion，約西元前四〇二—前三一八年，古雅典統帥，柏拉圖的弟子之一。——譯者注

⑲ Plutarch in Phoc.（普魯塔克：《伏西翁傳》。）

⑳ 維提里烏斯，Vitellius，一五—六九年，古羅馬朱里亞．克勞狄王朝最後一位皇帝，即位不到一年就被推翻。——譯者注

㉑ Tacit. Hist. lib.iii.（塔西佗：《歷史》，卷三。）作者在著筆敘述時說，*Laniata veste, foedum spectaculum ducebatur, multis increpantibus, nullo inlacrimante:* deformitas exitus miscricordiam abstulerat.（**撕破的衣衫，拽拖的慘狀，衆人的詛咒，沒有人對此感到悲傷落淚**；他最後一幕的醜惡表現已使人們無法對他產生憐憫之情。）爲了完全進入這種思維方法起見，我們必須考慮古代的準則，即一個人不應當在其生命已經變得不名譽時還延續它；但是，由於他總是具有處置它的權利，於是放棄它就變成一項義務。

㉒ 德性的缺乏經常可能就是一種惡行，而且是那種最高的惡行，正如在忘恩負義和卑賤的事例中那樣。當我們期望一種美時，失望就引起不快的感覺，並產生一種實在的醜。同樣，性格的卑劣在另一種觀點下就是可惡的和可鄙的。如果一個人在他自己身上感覺不到什麼價值，我們也不可能對他有任何更高的敬重。如果這同一個人對高於他的人卑躬屈膝、對低於他的人傲慢無禮（正如經常發生的那樣），那麼其行爲舉止的這種對立就不是矯正前一種惡行，而是透過增添一種更可憎的惡行而極大地加重它。參見第八章。

㉓ De Corona.（《論桂冠》。）

㉔ 佩拉，Pella，馬其頓的一個城市，西元前五世紀末開始爲馬其頓國首都。——譯者注

㉕ *De moribus Germ.*（《論日爾曼人的風俗》〔參見塔西佗：《阿古利可拉傳日爾曼尼亞志》，馬雍譯，商務印書館一九五九年版，第七四頁〕。）

㉖ 蘇維威人（Suevi），又稱蘇維比人（Suebi），古日爾曼人一支，大致生活在萊茵河以東地區，並延伸至易北河及波羅的海沿岸附近。——譯者注

㉗ Lib. iv.（希羅多德：《歷史》，卷四。）

㉘ 西徐亞人（Scythians），古代生活在黑海北部及東北部和鹹海東部的民族，曾建立西徐亞王國。——譯者注

㉙ 費奈隆，Fénélon，一六五一—一七一五年，法國作家、教育家、大主教。——譯者注

㉚ Lib. i.（修昔底德：《伯羅奔尼撒戰爭史》，卷一〔參見漢譯本，謝德風譯，商務印書館一九六〇年版，第四頁〕。）

㉛ 斯賓塞，Edmund Spenser，一五五二—一五九九年，英國詩人，一五八〇年以後一直在愛爾蘭擔任公職。——譯者注

㉜ 他說，在他們那些紳士們的公子當中，一種通常的做法是，一等到他們能使用武器，就招募三、四個散兵，與他們一起到鄉間到處遊蕩，只帶食物，最終他們會陷入某種困境，經過付出努力才擺脫出來；這件事一旦宣揚出去，他們從此就算是有價值的、勇敢的人。

㉝ 愛比克泰德，Epictetus，五〇—一三八年，古羅馬人，晚期斯多亞派哲學家。——譯者注

㉞ 阿卡迪亞，Arcadia，古希臘的一個高原地區，那裡的居民以生活淳樸和幸福而著稱於世。——譯者注

㉟ 第五章，第二節。

㊱ 歡喜幾乎不可能因爲其過度而招致譴責，如果它不是那種無緣無故的漫無節制，這種無緣無故的漫無節制的歡笑是愚蠢的可靠的徵象和特徵，並因此而是令人討厭的。

㊲ 即十六世紀法國宗教戰爭。——譯者注

㊳ 法蘭西亨利四世，Harry the IVth of France，波旁王朝第一位國王，一五八九—一六一〇年在位，以其軍事和政治才能而使法國擺脫長期的宗教戰爭得以復興。Harry 是他的暱稱。——譯者注

㊴ 查理十二世，Charles the XIIth，一六八二—一七一四年，瑞典國王。一七〇〇年發動北方戰爭，對抗沙俄、波蘭和丹麥等國，並戰勝丹麥和波蘭；一七一四年進攻挪威，在戰鬥中陣亡。——譯者注

㊵ 大流士，Darius，即大流士一世，約西元前五五八—前四八六年，古波斯帝國國王。在位期間極力向外擴張，東侵印度河流域，西征西徐亞等地，並發動對希臘的戰爭。——譯者注

㊶ 澤爾士，Xerxes，約西元前五一九—前四六五年，大流士一世之子，古波斯帝國國王。西元前四八〇年在波希戰爭中率艦隊遠征希臘，次年大敗而歸。——譯者注

㊷ 即雅典。——譯者注

㊸ 呂西阿斯，Lysias，約西元前四四五—三八〇年，希臘職業演說家。——譯者注

㊹ 奧古斯都，Augustus，西元前六三—西元十四年，原名屋大維，凱撒的侄外孫和養子，羅馬帝國第一位皇帝。——譯者注

第八章　論直接令他人愉快的特質①

正如在**社會**中各種相互衝突以及利益和自愛的各種對立強制人類確立了**正義**的法則，以便保持相互援助和保護所帶來的好處，同樣，在**交際圈**中人們的驕傲和自負引起的連續不斷的矛盾也引入了**良好作風**或**禮貌**的規則，以便有利於心靈的交流和一種不受干擾的交往和談話。在素有教養的人中，裝出相互的敬重，掩飾對別人的輕蔑，權威含而不露，輪流給予每一個人關注，談話保持流暢自如，沒有激動、沒有打斷、沒有對勝利的渴望、沒有高人一等的神情。這些注意和尊重令他人根本無須考慮效用或有益趨向就直接感到愉快；它們博得好感、增加敬重，極度提高那個以它們規範自己的行爲的人的價値。

禮貌的形式有許多是任意和偶然的，但是它們表達的內容仍然是同一個。西班牙人在客人之前走出自己的房屋，以示一切讓客人做主；在其他國家，主人最後出來，作爲敬意和尊重的通常標誌。

但是要使一個人**精通交際**，他不但必須具有良好作風，還必須富有**機趣**和**眞誠坦率**。何謂機趣，要界定起來可能並不容易；但這樣規定它無疑是容易的：它是一種直接令他人感到**愉快**、一出現就傳達給每一個對它有任何領略的人以強烈的歡樂和滿足的特質。固然，最深奧的形而上學可以用來解釋機趣的各種不同的類型，機趣的許多劃分——它們現在是按照趣味和情感的獨一無二的見證而作出的——或許也可以被分解成一些更一般的原則。但是就我們目前的意圖而言，這一點就是足夠的：它影響趣味和情感，當給人直接的享受時，構成讚許和好感的可靠根源。

在人們把大部分時間花在談話、訪問和聚會上的國家，這些**善交際的**特質可以說受到很高的評價，構成個人價值的首要部分。在人們以家庭生活爲主、不論工作或娛樂都保持在狹窄的熟人圈中的國家，穩重敦厚的特質尤其受到重視。因此，我們常常觀察到，在法國人中，對於陌生人的首要問題是：「他禮貌嗎？」、「他風趣嗎？」而在我們自己的國家，人們所給予的主要稱讚總是「他是個性情溫厚、明事達理的人」。

在談話中，活潑的對話氣氛是**令人愉快的**，甚至對那些根本不想參與談話的人也是這樣；因此，冗長故事的講述者或誇誇其談的雄辯家是很難受到稱讚的。但是絕大多數人都同樣期望在談話中有輪到他們的機會，並以十分惡毒的目光看待那種剝奪他們這一天然惟恐失去的權利的**多嘴饒舌**。

有一種無害的**謊言**在交際圈中是經常碰到的，人們大都以一套奇妙的方式對待它。這種謊言通常意在使人快樂和得到消遣；但是由於人們最感快樂的是他們設想爲眞的那些東西，因而這些人常常完全誤解這種取樂的手段，招致人們普遍的譴責。然而，某種說謊或虛構的特權卻被給予了**幽默**故事；因爲在那裡它確實是令人感到愉快和有趣的，而眞實則根本無關緊要。

雄辯，各種天才，甚至健全的理智和可靠的推理，當達到卓越的程度並被運用於任何極其精深玄奧的主題時，所有這些稟賦似乎都是直接令人愉快的，具有一種與其有用性截然不同的價值。稀罕性，這一極大地提升事物的價格的性質，也必定同樣爲人類心靈的這些高貴的才能增添額外的價值。

謙遜，可以從不同的意義加以理解，甚至可以從前面已經探討過的貞潔中抽象出來。它有時是指對榮譽的那種敏感和謹愼、對譴責的那種擔心、對侵犯或傷害他人的那種恐懼以及作爲一切德性的專職守護者和惡行或腐敗的可靠防衛者的那種**端莊**（pudor）。但是它最通常的意義卻是與**輕率**和**傲慢**相對，表示對我們自己的判斷缺乏信心和對他人給予適當的注意和尊重。尤其在年輕人身上，這一特質是健全理智（sense）的可靠標誌，也是使他們始終不忘傾聽教誨、在取得新成就之後依然保持進取從而不斷增進健全理智這一稟賦的有效手段。而對於每一位旁觀者，這一特質透過諂媚每一個人的虛榮心、表現出一副對他們說出的每個字都洗耳恭聽的溫順學童的神情，而有著另一層更深的魅力。

一般說來，人們大多傾向於高估自己，而不是低估自己，儘管亞里斯多德對此有不同意見。[2]這致使我們更加小心防患於前一方面的過度，而以一種特別縱容的態度看待一切謙遜和缺乏自信的趨向，因爲我們估計自己少有陷入這種性質的任何惡性極端的危險。因此在人們身體容易發胖的國家，較之於在肥胖是最通常的缺點的國家，個人的美更大程度地在於苗條。因爲極端頻繁地受到某種醜的眾多事例的強烈刺激，人們將認爲他們絕不可能與這種醜保持足夠的距離，而總是希望有一種向其對立面的傾斜。同樣，如果向自我稱讚敞開大門，如果蒙田[3]的這個準則得到遵守，即我們應當像我們常常認之爲眞確的那樣坦率地說「我有理智，我有學問，我有勇氣、美、或機趣」，我是說，如果這成其爲事實，人人就將感到那樣一股傲慢的洪流向我們席捲而來，竟至於使社會變得完全不可忍受。因爲這個理由，習俗就爲日常社會立下這樣一條規則：人們不應當放縱自己的自我稱讚，甚或不應當過分談論自己；只有在親密的朋友或男子漢大丈夫之間，一個人才容許公正地看待自己。沒有人對奧倫治親王莫里斯④的回答吹毛求疵，當有人問他尊崇誰爲當代第一位將軍時，他回答：「斯比諾拉侯爵是第二位。」儘管可以看出，這其中蘊含的自我稱讚較之於它不經任何修飾或遮掩而直接表達出來時要更多。

如果有人想像，一切相互敬重的事例都會得到眞誠的理解，一個人會因爲不知其自身的價值和才藝而更受尊重，他必定是一位十分膚淺的思想家。一種對於謙遜的微弱偏向，甚至在內在情感中，也將受到友好的對待，尤其是在年輕人身上；而一種對於謙遜的強烈偏向也被要求體現於外在行爲中；但是這並不排除一種高貴的驕傲和氣概，這種驕傲和氣概在一個人不論遭受何種中傷或壓迫時都可以公開地、充分地顯露出來。蘇格拉底對法庭的高貴的輕蔑——正如西塞羅所稱，在一切時代都受到高度的頌揚，而當被聯繫於他平常行爲的一貫謙遜時，就形成一種閃光的性格。雅典人伊菲克拉底⑤當被指控背叛其國家利益時質問其指控者說：「在相同的場合，你會犯下這一罪行嗎？」指控者回答：「絕不會。」這位英雄說：「那麼你能想像伊菲克拉底會犯下嗎？」⑥簡言之，一種基礎穩固、掩飾得體、勇敢地承受著痛苦和中傷的慷慨的氣概和自重是一種偉大而卓越的特質，其價值似乎導源於其情感的高貴的昇華，亦即其對於其擁有者的直接愉快性的高貴的昇華。在普通人身上，我們贊同一種對於謙遜的偏向，它是一種直接令他人愉快的特質；前一種德性的惡性過度、亦即傲慢或目空一切是直接令他人不快的，後一種德性的過度則是直接令其擁有者不快的。這樣，這些義務的界線就得到了釐清。

對名望，榮譽，或聲望（character）的欲求遠遠不能受到譴責，竟至於它彷彿是與德性、天才、能力以及高尚的或高貴的氣質不可分離似的。爲了快樂而對甚至瑣事給予注意也是社會所期望和要求的；一個人在社交場合比在自己家中與家人一起消閒更注意衣著的高雅和談話的流暢，沒有人會感到驚訝。那麼，如此理直氣壯地視之爲一種缺點或瑕疵的**虛榮心**何在？它似乎主要在於我們對自己的利益、榮譽和才藝的那一種沒有節制的展示，在於我們對稱讚和欽敬的那一種急切而公然的要求，而這對他人是觸犯性的，過多地侵犯了**他們**隱祕的虛榮心和野心。除此之外，它也是心靈缺乏眞正的尊嚴和崇高的一個可靠的徵象，這種眞正的尊嚴和崇高在任何人物身上都是極其偉大的裝飾。因爲，爲什麼要如此急切地欲求稱讚，彷彿你沒有正當的資格去配獲得它，不可以合理地期望它將永遠屬於你呢？爲什麼要如此迫切地告知我們你所保持的顯要的交際，告知我們你所受到的禮遇，告知我們你所獲得榮譽、勳章，彷彿這些並非理所當然的東西，不告訴我們，我們就不能自己想像出來呢？

正派，或者說對年齡、性別、性格和俗世地位的一種適當的尊重，可以列入直接令他人感到愉快、並因此而獲得稱讚和讚許的特質。男人的嬌柔的舉止，女人的粗魯的作風，這些是醜的，因爲它們不適宜於他們各自的性格，不同於我們對不同性別所期望的特質。這就彷佛一齣悲劇充滿喜劇的美，或一齣喜劇充滿悲劇的美。失調的比例傷害人的眼睛，傳達給觀眾一種不快的情感，這種情感構成譴責或責難之源。這就是西塞羅在其《論義務》中非常詳細地解釋過的那種「不適宜」（indecorum）。⑦

在其他德性中，我們也可以給予**清潔**一個位置，因爲它自然地使我們令他人感到愉快，而且是愛和好感的並非無關緊要的源泉。不會有人否認這方面的疏忽是一個缺點；由於缺點不外是小惡，而這個缺點除了在他人中激起的不快的感覺不可能有任何其他的起源；因此，從這個表面看來似乎非常瑣碎的事例，我們可以清楚地發現博學者們曾經對之陷入充滿困惑和謬誤的迷宮的道德區別的起源。

但是，除了我們能夠對其美之起源在某種程度上給予解釋和說明的所有**令人愉快的**特質，還有另外某種神祕的和不可解釋的東西，它傳達給旁觀者一種直接的滿足，但是對於其作用方式、根源或理由，旁觀者不能妄謂可以規定。有一種風度、優雅、自在、從容、一種我不知其爲何物的東西，一些人超越於他人之上而擁有著它，它非常不同於外在的美和秀麗，而是幾乎突然和有力地抓住我們的感情。儘管這種**風度**主要是在其所隱藏的魔力很容易得到解釋的兩性之間的情欲上被人們談論到的，然而它在我們關於性格的整個評價中一定在相當大程度上起著支配作用，構成個人價值的並非無足輕重的部分。因此，這類才藝必須完全交給趣味和情感的盲目的、但卻可靠的見證去處理，必須看作大自然爲了阻礙哲學的全部驕傲，使哲學意識到自己狹窄的範圍和微薄的收穫而留下的倫理學之一部分。

我們因爲另一個人的機趣、禮貌、謙遜、正派，或他所擁有的任何一種令人愉快的特質而稱許他；儘管他或許並不是我們的熟人，也絕不可能透過這些才藝而給予我們任何享受。關於這些才藝對他自己的熟人的作用所形成的觀念對我們自己的想像力有一種令人愉快的影響，使我們產生讚許的情感。這條原則在我們關於作風和性格所形成的所有判斷中都發揮著作用。

【注釋】

① 其實德性的定義就是，它是**心靈的一種令每一個考慮或靜觀它的人感到愉快或稱許的特質**。但是一些特質產生快樂，是因爲它們有用於社會，或者有用於或愉快於那個人自身；另一些特質產生快樂則更直接些，這就是這裡所考慮的這類德性的情形。

② Ethic. ad Nicomachum.（《尼各馬可倫理學》，卷四，第三章。）

③ 蒙田，Montaigne，亦譯蒙太涅，一五三三—一五九二年，法國散文家、思想家、懷疑論者。——譯者注

④ 莫里斯，Maurice of Nassau，Prince of Orange，一五六七—一六二五年，荷蘭共和國軍隊的締造者，著名軍事家和政治家，多次領導擊退西班牙人的入侵。——譯者注

⑤ 伊菲克拉底，Iphicrates，約西元前四一八—前三五三年，雅典將軍，因拒絕在一場暴風雨中作戰而被指控犯有叛國罪。——譯者注

⑥ Quinctil. lib.v. cap. 12.（昆體良：《演說家準則》，卷五，第十二章。）

⑦ 西塞羅：《論義務》，卷一，第二七－四二章，尤其第三五－三六章。拉丁文 decorum 一詞在漢語中很難找到非常貼切的對應詞，現有兩種不同的譯法：徐奕春在《西塞羅三論——老年·友誼·責任》（商務印書館一九九八年版）中譯作「恰當」，關文運在《人性論》（商務印書館一九九〇年版）中譯作「適合」；而我則更願意使用「適宜」。——譯者注

第九章　結　論

第一節

看來可能有理由令人感到驚奇，在如此晚近的時代，有人會發現必須透過精緻的推理或反思來證明，個人價值完全在於擁有一些對**自己**或**他人有用的**或令**自己**或**他人愉快的**心理特質。或許可以期望，這條原則，甚至最原始最沒有實踐經驗的道德探究者都會想到，並且由於它自身的明證性，毋須任何證明或爭論就會接受。凡是具有不論何種價值的東西都如此自然地把其自身歸入**有用的**或**令人愉快的**、效用（utile）或愉快（dulce）的劃分之下，以致我們想要想像我們爲何應當作出更進一步的探索，或將這個問題當作一個有待細緻研究的主題，都是不容易的。由於一切有用的或令人愉快的事物都必定擁有這些不是與**自己**有關就是與**他人**有關的性質，因而對價值的完整的描繪或描述就似乎可以自然地得到完成，彷彿太陽投下陰影或水面映出倒影那樣。如果陰影投於其上的地面不是支離破碎和凹凸不平，倒影由之映出的水面不是波瀾蕩漾和混濁不清，一個正確的形象就會立即呈現出來，毋須任何技巧，不費任何心神。看來一個合理的推測是，當一個如此簡單明白的理論能夠如此長久地逃脫我們的最精心的檢查時，各種體系和假說把我們的自然知性引入了歧途。

但是不論在哲學中的遭遇可能如何，在日常生活中，當我們對人類的行爲舉止作出任何頌揚或諷刺、讚許或責難時，這些原則仍然被我們委婉地堅持著，我們也從沒有求助於任何其他的關於稱讚或譴責的論題。如果我們觀察人們在工作或娛樂時的每次交往中、每次會話和交談中的情形，我們將發現，他們除了在學校裡，從沒有在任何地方絲毫偏離這個主題。例如，還有什麼是比下面這段話更自然的呢？我們將假定，一個人對另一個人說：「你眞是幸福，你把女兒嫁給了克利安提斯。他體面而又仁厚。每一個與他有任何交往的人都肯定受到公平和友好的對待。」①另一人說：「我也祝賀你這位女婿前程遠大，他學習法律刻苦用功，對人類和對事務都具有敏銳的洞察和超前的認識，這些預示著他最偉大的光榮和進步。」②第三個人回答：「你們把克利安提斯說成一個專注事業和刻苦用功的人令我感到驚訝。最近我在一個極爲輕鬆愉快的交際圈裡碰到他，他是我們的談話的生命和靈魂，那麼機趣而風度優雅、那麼殷勤而不矯揉做作、那麼富有啓發性的知識而表達那樣文雅，我以前從未在任何人身上見到過。」③第四個人說：「如果你們對他瞭解更深，你們會更欽敬他。你們在他身上或許已經見到的那種歡喜不是由交際激發出的突然閃現；它貫穿於他的人生的全部歷程，使得他的表情總是保持安詳，使得他的靈魂總是保持寧靜。他曾經歷嚴重的艱難、不幸和危險，然而憑藉心靈的偉大，他仍然超越了所有那一切。」我叫喊道，先生們，你們在這裡描繪的克利安提斯的形象是一個具有完滿價值的形象。④你們每個人都爲他的形象描畫了一筆，你們不知不覺使他超過了格雷蒂安和卡斯蒂廖內所描繪的一切形象。哲學家可能把這種性格選作完美德性的典範。

由於每一種對我們自己或他人有用的，或令我們自己或他人愉快的特質在日常生活中都被承認是個人價值的一部分，因此當人們透過他們的自然的無成見的理性、拋開迷信和僞宗教的虛幻曲解而判斷事物時，他們將絕不會接受它們之外的任何其他的特質。獨身、齋戒、苦行、禁欲、克己、謙卑、沉默、孤居獨處以及整套僧侶式的（monkish）德性，它們爲何處處爲理智健全的人們所摒棄，不正是因爲它們不有助於任何一種目的，既不提高一個人在俗世的命運，也不使他成爲社會中更有價值的一員，既不使他獲得社交娛樂的資格，也不爲他增添自娛的力量嗎？相反，我們看到，它們取消所有這些值得欲求的目的，麻痺知性且硬化心腸、蒙蔽想像力且使性情乖張。因此，我們正當地將它們轉移到對立的陣營，置於惡行的項目中；任何迷信也沒有足夠的力量在俗世的人們當中把這些自然的感情完全引入歧途。一個性情抑鬱、心智迷亂的狂信者，其死後或許可以在日曆中占據一個地位，其活著時除了被那些像他自己一樣神智昏亂和情緒陰鬱的人所接納，幾乎絕不會被任何親友和社會所接納。

看來，我們目前這一理論沒有捲入那場關於仁愛或自愛在何種**程度**上在人類本性中居於支配地位的粗俗爭論乃是一件幸事；這場爭論絕不可能達到任何結果，這既是因爲參與爭論的那些人都是不易說服的，也是因爲爭論雙方所能提出的現象是如此散漫、如此不定、而且可容有如此眾多的解釋，以致要精確地比較它們，或從它們引出任何明確的推論或推斷，幾乎是不可能的。對於目前這個理論，我們如果承認——這想必不是極端荒唐而是無可爭辯的，有某種不論多麼微小的仁愛被注入了我們的胸懷，有某種對人類的友誼的火花，有某種和平鴿的微粒與狼和蛇的成分一道被揉進了我們的構造，就足以滿足我們的目的。即使我們假設這些慷慨的情感向來就是如此微弱，即使它們甚至不足以驅動我們身體的一隻手甚或一個手指頭，它們也必定仍然指導我們心靈的規定，而且在所有其餘條件相等的情況下，必定對凡是有用於和有助於人類的東西、而非對有害的和危險的東西作出一種冷靜的優先選擇。因此，一種**道德區別**，一種譴責和讚許的情感，一種對前者的不論多麼微弱的趨向和對後者的不論多麼微弱的反感，就立即出現。那些眞心誠意地堅持自私性統治著人類的推理者，當聽到對德性的這些微弱的情感植根於我們的本性時，也將不會感到絲毫驚訝。相反，我們將發現他們像樂意於堅持前一種信條一樣樂意於堅持後一種信條；而他們的這種諷刺精神（因爲它看起來如此、而非腐敗精神）就自然地產生兩種意見，這兩種意見其實相互之間具有某種緊密幾乎不可分割的聯繫。

貪婪心（avarice）、野心、虛榮心以及通常（雖然不恰當地）包含在**自愛**這個名稱之下的所有激情在此被排除於我們關於道德起源的理論之外，不是因爲它們過於微弱，而是因爲它們對於我們關於道德起源的理論沒有適當的指引。道德這一概念蘊涵著某種爲全人類所共通的情感，這種情感將同樣對象推薦給一般的讚許，使人人或大多數人都贊同關於它的同樣意見或決定。這一概念還蘊涵著某種情感，這種情感是如此普遍、如此具有綜括力，以至於可以擴展至全人類，使甚至最遙遠的人們的行動和舉止按照它們是否符合那條既定的正當規則而成爲讚美或責難的對象。惟有這兩個不可或缺的因素才屬於我們這裡所堅持的人道的情感。其他激情雖然也在每一個人胸中產生許多強烈的情感，如欲望和反感、好感和憎恨，但是這些情感既不爲人人感到如此共通，亦不如此具有綜括力，以至於構成關於譴責或讚許的任何一個體系和既定的學說之基礎。

當一個人稱另一個人爲其「敵人」、「競爭者」、「死對頭」、「對手」時，他被理解爲在講自愛的語言，在表達他自己所特有的、發源於他自己的特定環境和境況的情感。但是當他賦予任何人「邪惡」（evil）或「可惡」或「墮落」這些辭藻時，那時他就在講另外一種語言，在表達他期望所有聽眾都將由之而與他發生共鳴的情感。因此，他在此必須撇開他私人的特定的境況，選擇一個他與他人相共通的觀點；他必須打動人類結構中的某種普遍的原則，撥動一根全人類都與之諧和發聲的琴弦。因此，如果他意欲表達這個人具有一些趨向於對社會有害的特質，他就已經選擇這種共通的觀點，已經觸動在某種程度上爲人人所贊同的人道的原則。當人類的心胸是由目前這樣一些要素複合而成時，它絕不會完全漠不關心公共的好處，也絕不會完全不受性格和作風的趨向的影響。儘管人道這種感情通常不可以被認爲像虛榮心或野心一樣強烈，然而它是人人共通的，因而唯有它才能構成道德之基礎或關於譴責或稱讚的任何一個一般的體系之基礎。野心人人各不相同，同一個事件或對象也不會滿足兩個人的野心；但人道[5]人人相同，同一個對象觸動所有人的這種激情。

但是人道所產生的情感不僅在所有人中都是相同的，都產生同一種讚許或責難，而且它們也都綜括所有的人，也沒有任何一個人的行爲或性格不成爲每一個人責難或讚許的對象。反之，另外那些通常被稱爲自私性的激情，則既使每一單個人（individual）按照其特定的境況產生不同的情感，又使他以極端冷漠和超然的態度靜觀大部分的人類。凡是對我高度尊重和敬重的人都諂媚我的虛榮心，凡是對我輕蔑的人都令我感到屈辱和不快，但由於知我名者不過人類極少一部分，因而很少有人能進入這種激情的範圍，或由於這種激情而激起我的好感或厭惡。可是如果你們向我描繪這個世界上任何國家或任何時代的一件暴虐的、侮慢的或野蠻的行爲，我就立即將目光投向這樣一件行爲的有害的趨向，感受到對它的厭惡和不快的情感。沒有能夠距離我如此遙遠，以至於在這方面與我完全漠不相關。凡是對社會或對個人自己有益的東西必定仍然受到優先選擇，每一個人類存在物的每一個特質或行動，必定透過這種方式而劃歸於某個表示著一般的責難或讚許的種類或名稱之下。

因此，我們還能求助於其他什麼來區別開依賴於人道的情感和與任何其他激情相關聯的情感，或來使我們弄清爲何前者是道德的起源而後者則不是呢？凡是透過觸動我的人道而博得我的讚許的行爲，也都透過打動全人類的這同一條原則（人道）而獲得他們的讚揚；但是凡是有助於我的貪婪或野心的東西都僅僅滿足我的這些激情，而不打動其餘的人類的貪婪或野心。任何一個人的行爲，如果它具有一種有益的趨向，就沒有一個因素不令我的人道感到愉快，不論這個人是多麼遙遠；但是任何人與我的距離是既不取消也不服務於我的貪婪和野心，我的貪婪和野心就將他視作完全漠不相關的。因此，這兩類情感之間的區別是如此巨大和明顯，語言必定立即以它爲模型而鑄造出來，必定發明一套獨特的術語，以表達那些起源於人道或起源於一般有用性及其反面的觀點的普遍的讚許或責難的情感。於是，**德性**和**惡行**

就變成已知的；道德就受到承認；關於人類行爲舉止的一定的一般觀念就得到構造；一定的標準就被期望於一定境況下的人；這種行動就被規定爲合乎我們的抽象的規則，那種行動就被規定爲不合乎我們的抽象的規則。借助於這樣的普遍的原則，自愛的特定的情感常常就得到控制和限制。⑥

從民眾的騷亂、暴動、黨派鬥爭、恐慌以及由大眾所共有的所有激情的各種事例中，我們可以懂得社會在激發和維持任何一種情緒方面的影響力，同時我們發現最不可收拾的混亂產生於最輕微和最瑣碎的偶然事件。梭倫儘管也許是一位不公正的立法者，懲處過內戰中的中立者，卻並不是十分殘忍的；我相信，這些中立者的感情和言論如果被承認足以赦免他們，他們在那種情形下很少有人會受到懲罰。自私性，而且幾乎任何哲學，在那裡都沒有足夠的力量支撐一種完全冷淡和超然的態度，梭倫必定無法始終保持完全不爲這種強烈的共同的情緒所感染。於是，道德情感雖然發源於可能乍看稍顯微小和嫩弱的原則，卻被發現在生活中具有如此強大的影響力，有何奇怪呢？但是我們必須指出，這些原則是社會性的和普遍性的，它們在一定程度上形成人類反對罪惡或混亂這一人類共同的敵人的一個**黨派**。由於對他人的仁愛性的關懷或多或少彌散於所有的人，而且在所有的人中都是同一種，因而它就較頻繁地出現在言論中，爲社交和談話所珍愛，而它所引起的讚許和譴責就因此而從或許在本性上孤居獨處和未受教化的人中被催眠的那種嗜睡裡被喚醒過來。其他的激情，儘管它們或許最初更強烈些，卻是自私和私人性的，因而經常被它的威力所制服，不得不將對我們胸懷的統治權讓予那些社會性的和公共性的原則。

我們爲道德情感增添巨大威力的構造的另一個本源是對名望的熱愛；名望以一種如此不受控制的權威統治一切高尚的心靈，往往是這些心靈的一切謀劃和事業的宏偉目標。透過熱切而不懈地追求世俗的聲望、名聲、榮譽，我們經常省察我們自己的舉止和行爲，考慮它們在那些親近和尊重我們的人們眼中形象怎樣。這種彷彿在反省中打量我們自己的恆常習慣，使我們所有關於正當和不正當的情感永保活力，使本性高貴的人對他們自己和他人產生一定的敬畏，這種敬畏是一切德性最可靠的衛士。當一切內在的美和道德的美都受到孜孜不倦的追求，和心靈在一切能夠美化和裝飾一個有理性被造物的完滿性方面都達到完成時，各種動物性的便利和快樂就逐漸失去它們的價值。

這就是我們所熟悉的最完滿的道德性；這就是許多種同情的威力展現。我們的道德情感本身主要就是這種性質的感受；我們重視在他人眼裡的聲望，看來僅僅出於關心維護在我們自己內心中的聲望；爲了達到這個目的，我們發現必須將我們動搖不定的判斷力維繫在人類普遍一致的讚許上。

但是我們可以遷就這些事實，並且如果可能還可以消除一切困難，且讓我們承認所有這些推理都是虛妄的。且讓我們承認，當我們將效用的觀點所產生的快樂分析成人道和同情的情感時我們已經接受一個錯誤的假設。且讓我們承認，無論無生命的對象，有生命的對象，或有理性的對象，如果它們具有促進人類的幸福和利益的趨向，我們都必須對所賦予它們的那種稱讚尋求某種別的解釋。無論設想一個對象正因爲其對於某個與其自身完全漠不相關的目的的趨向而受到稱讚是多麼困難，且讓我們忍受這一謬論，並考慮將會有什麼後果。我們前面關於**個人價值**的描繪或界定必定仍然保持其明證性和權威性；人們必定仍然承認，心靈的每一種對**自己**或**他人有用的**或令**自己**或**他人愉快的**特質都傳達給旁觀者一種快樂，引起他敬重，並被他冠以德性或價值的美名。正義、忠實、正直、誠實、忠誠、貞潔，難道不是僅僅因爲它們增進社會利益的趨向而受到敬重嗎？難道它們增進社會利益的趨向不是與人道、仁愛、慈悲、慷慨、感激、中庸、溫柔、友誼以及一切其他社會性的德性不可分離的嗎？難道勤奮、審慎、省儉、保守祕密、有條理、堅毅、深謀遠慮、判斷力以及眾紙難書的整個這類德性和才藝或許可以懷疑嗎？我是說，這些特質增進其擁有者的利益和幸福的那種趨向構成其價值的唯一基礎，難道是可以懷疑的嗎？誰能反駁，一顆保持著永久的安詳和歡喜、保持著高貴的尊嚴和無畏的氣概、保持著對周圍所有人溫柔的感情和善意的心靈，由於它在自身之內有著更多的享受，因而較之於一顆被抑鬱所阻滯、被焦慮所折磨、被盛怒所激動、或沉淪於最可恥的卑鄙和墮落中的心靈，就是一個更令人鼓舞和歡欣的場景呢？至於直接**令他人愉快**的特質，它們則自己充分說明，一個從未領略詼諧機趣或溫情洋溢的魅力、從未領略談吐和作風高雅莊重或斯文正派的魅力的人，實際上不論就他自己的內在感受或他的外在處境和交際來看都必定是不快的。

我覺得，最非哲學的莫過於對任何問題都採取絕對的或獨斷的態度；縱然極端的懷疑主義能夠被堅持，它也不會（比之）對所有正確的推理和合理的探究更具有毀滅性。我深信，哪裡人們是最肯定和最傲慢的，哪裡人們就通常是最錯誤的，他們就在那裡放任了激情，而沒有經過那種適當的慎慮（deliberation）和質疑，唯獨這種適當的慎慮和質疑才能使他們免於最粗鄙的謬誤。但我必須承認，這種列舉已經使問題變得如此明朗，以致我**現在**完全像確信我從推理和論證所懂得的任何眞理一樣，確信個人價值完全在於各種特質對其擁有者個人自己或與他有任何交往的其他人的有用性或愉快性。但是當我反思，儘管地球的體積和形狀已經得到測量和描繪，儘管潮汐運動的原因已經得到說明，天體的秩序和組織已經被劃屬於它們的特有的規律，無限本身已經被還原於計算，人們卻還在就他們的道德義務的基礎問題爭論不休，我是說，當我反思到這一點時，我就重新陷入不自信和懷疑主義，猜疑一個如此明白的假說，倘若眞是一個確實可靠的假說，此前早就會被人類透過全體一致的投票和贊成而接受。

第二節

解釋了伴隨著價值或德性的道德**讚許**之後，剩下的只是簡要思考我們對之的有關**責任**，探究每一個關心自己幸福和福利的人從對每一項道德義務的實踐中到底是否得到好處了。如果這一點能夠根據前述理論明確地得到確斷，那麼我們就可以感到安慰，我們提出了一些原則，它們不僅如人們所希望的那樣將承受推理和探究的檢驗，而且可以有助於人們生活的改進和他們在道德方面和社會性的德性方面的提高。儘管任何命題在哲學上是否爲眞（理）絕不依賴於其增進社會利益的趨向，然而一個人提出一種不論多麼眞卻必定導致危險和有害的實踐的理論，他將只會不得人心。爲什麼要翻搜大自然中那些向四周傳播汙穢的角落？爲什麼要把瘟疫從其埋葬的深坑裡挖掘出來？你們的研究之別出心裁可能受到欽佩，但你們的體系將受到憎惡；而人類如果不能駁倒它們，則將贊同使它們至少永遠緘默和被遺忘。那些**有害**於社會的眞理，倘若存在任何這樣的眞理，將屈服於有益的和**有利的**謬誤。

但是，難道還有什麼哲學眞理能夠比這裡所給出的哲學眞理更有利於社會嗎？這裡所給出的哲學眞理展現了德性所有眞正最誘人的魅力，使我們帶著自在、親切和喜愛的心情貼近她。⑦許多神學家和某些哲學家覆蓋在她身上的陰沉的裝飾脫落下來，顯現出的唯有文雅、人道、慈善、和藹可親，不但如此，甚至在適當的間歇還顯現出嬉戲、歡樂和興高采烈。她不談毫無用處的苦行和艱苦，苦難和自我否定（self-denial）。她宣稱她唯一的目的是使她的信徒和整個人類在他們實存的每一瞬間盡可能歡樂和幸福，她也絕不願意放棄任何快樂，除非有望在他們人生的另外某個時期得到足夠的補償。她所要求的唯一辛勞是合理地計算和堅定不移地優先選擇最大的幸福。如果某些苦行者妄圖接近她，對這些歡樂和快樂之敵，她要麼將他們作爲僞善者和騙子加以拒絕，要麼即使允許他們進入她的行列，也將他們列入最不受偏愛的信徒。

實際上，拋開一切譬喻的說法，怎麼可能使人類從事一項我們承認充滿苦行和艱苦的實踐呢？或者說什麼道德理論能夠促進任何有用的目的，倘若它不能透過一個特定的細節顯示它所推薦的所有義務，也就是每個人的眞正的利益？前述體系的獨特長處似乎就是它為那個目的提供了適當的手段或途徑。

那些對它們的擁有者直接**有用的**或令它們的擁有者直接**愉快的**德性從自我利益的觀點看是令人欲求的，這想必毋須證明。實際上，道德家們大可免除他們在推薦這些義務時常常忍受的所有痛苦。當看來快樂的過度之所謂過度僅僅因為它們是有害的，而如果對例如烈酒的無限制的飲用並不比對空氣和水的無限制的使用更有害於健康或身心官能的話，它就絲毫也不會是更邪惡和更可譴責時，為何蒐集證據去表明節制是有益的、快樂的過度是有害的呢？

看來同樣也毋須證明，良好作風和機趣、正派和斯文這些**有利於交際的**德性是比相反的特質更令人欲求的。毋須任何其他考慮，僅僅虛榮心就是一種驅使我們希望擁有這些才藝的充分動機。從沒有人願意在這方面有所欠缺。我們在這方面的失敗全都發源於不良的教育、空疏的才能，或反常的和頑冥不化的氣質。你們想使自己的交際圈受到渴望、欽敬、追隨，而非受到憎惡、鄙視、逃避嗎？有誰能在這種情況下認眞仔細的思考呢？由於任何享受不與交際圈和社交活動（society）發生某種關聯就不是眞正的享受，因此當一個人感到他的在場不受歡迎、發現他周圍全是厭惡和反感的徵象時，就沒有任何社交活動能是令人愉快的，甚或可以忍受的。

但是爲什麼人類更大的社會或聯盟的情形就不應當與特定的俱樂部和交際圈的情形相同呢？爲什麼從幸福和自我利益的觀點看，人道、慷慨、慈善這些得到擴展的德性是令人欲求的比機靈和禮貌這些受到限制的才能是令人欲求的更值得懷疑呢？難道我們擔心這些社會性的感情會比任何其他追求在更大更直接的程度上妨礙私人的效用，不在榮譽和利益兩方面作出某種重大犧牲就不能得到滿足嗎？倘若如此，我們就不外是在關於人類激情的本性方面受到不良的教誨，更多地受一些字眼的區別、而非一些實在的差異所影響。

在**自私性的**和**社會性的**情感或氣質之間無論通常可以假設出何種矛盾，它們之間的對立其實並不比自私性的和野心的、自私性的和報復性的、自私性的和虛榮的情感或氣質之間的對立更甚。有某種原始的嗜好是必不可少的，以便透過給予自愛追求的對象一種喜好而成爲自愛的基礎；而最適合於這個目的的莫過於仁愛或人道。財富是花費於種種的滿足的；積累歲入而放貸的守財奴其實是以此滿足他的貪婪。既然一個人透過苦心孤詣的自私性所能達到的巔峰是某種感情的放縱，因此要表明爲什麼這個人透過一個慷慨的行動比透過任何其他方式開銷會損失更多就將是困難的。

現在如果沒有激情的生活必定是枯燥和令人厭倦的，且讓一個人假定他有充分的力量塑造他自己的氣質，且讓他考慮他願意選擇何種嗜好或欲望作爲他的幸福和享受的基礎。那麼他將觀察到，每一種感情當爲成功所滿足時，就產生一種與其力度和強度相應的心滿意足；而仁愛和友誼、人道和仁慈，除了這種爲一切感情所共通的好處，還不依賴於整個命運和偶因而直接給予人甜蜜、平靜、溫柔和愉快的感受。不但如此，這些德性還伴有一種令人快樂的意識或回憶，並使我們以愉悅的心情對待自己和他人，當我們保留我們對人類和社會盡了我們自己應盡的一份職責這種令人愉快的反思之時。儘管所有人都對我們在貪婪和野心追求上的成功表示嫉妒，然而只要我們堅持走德性之路，投身於實現慷慨的計畫和目標，我們幾乎一定博得他們的善意，獲得他們的祝福。還有什麼其他激情是我們從中將發現令人愉快的情感、令人快樂的意識、令人口碑的名聲等如此眾多的好處都統一起來的呢？但是對於這些眞理，我們可以觀察到，人們自行地是相當信服的，他們之所以在他們對社會的義務方面有所欠缺，也不是因爲他們不願成爲慷慨的、友愛的和人道的，而是因爲他們自身沒有感受到這樣的東西。

如果最坦率地對待惡行，並爲它作出一切可能的讓步，則我們必定承認，在任何事例中都不存在最微小的藉口來根據自我利益的觀點給予惡行而不給予德性以優先選擇；或許正義是除外，就正義而言，一個實事求是的人看來可能經常由於自己的正直而遭受損失。儘管人們承認，不尊重所有權，社會就不能存續，然而在特定的事情中，一個狡猾的惡棍可能根據人類事務的處理方式的不完善性而想到，一個不公道或不忠實的行爲將給他增添一份相當大的財富，而不給社會聯合體或聯盟造成任何大的破壞。**誠實爲上**[8]可能是一條良好的一般規則，但容易有許多例外；人們或許可能認爲，一個既遵奉一般規則又從其所有例外中獲取好處的人是在以極高明的智慧行事。

我必須承認，如果有人認為這個推理必須要求一個答案，那麼要找到看來令他滿意和信服的任何答案都將是相當困難的。如果他的心並不反抗這樣的有害的準則，如果他並不反感這些邪惡的或卑鄙的想法，他其實就已經喪失一個相當重要的德性動機；而我們可以預料這種實踐將是對於他的這種思辨的答案。但是一切本性淳樸的人們，對背信棄義和奸狡欺詐的反感卻是那樣強烈，以至於任何利益或金錢上的好處的觀點都不能與之相抗衡。心靈的內在的安寧、對正直的意識、對我們自己行為的心滿意足的省察，這些是幸福所不可或缺的因素，將被每一個感覺到它們重要性的誠實的人所珍愛和所培育。

此外，這樣一個誠實的人還將經常獲得這種滿足，即，看到惡棍們儘管將他們的狡詐和伎倆全部偽裝起來，然而他們自己的準則卻又將它們暴露無遺；當他們企圖有節制地和隱祕地行騙時，誘人的事情的出現、本性的脆弱就使他們墜入陷阱中，他們不澈底地名譽掃地、不喪失人類將來對他們的信任和信賴，就絕不能由之而脫身。

但假使他們總是偽裝得相當隱祕而成功，這個誠實的人，只要他具有任何哲學的氣質甚或日常觀察和反思的氣質，就將發現他們自己最終都是最大的受愚弄者，為了獲得那些毫無意義的小把戲而犧牲了性格（至少內在性格）方面不可估量的享受。滿足自然的**必需**只需要極少的東西。從**快樂**的觀點看，談話、社交、學習、甚至健康方面並非買來的滿足以及日常的自然美，而尤其是對自己行為的一切平靜的反思，我是說，在這些自然的樂趣與那些奢侈昂貴而狂熱空虛的樂趣之間能有什麼可比較的嗎？實際上，這些自然的快樂才是眞正無價的，既因爲它們在獲得上低於一切價格，也因爲它們在享受上高於一切價格。

【注釋】

① 對他人有用的特質。

② 對自己有用的特質。

③ 直接令他人愉快的特質。

④ 直接令自己愉快的特質。

⑤ 即 humanity，或譯作「人性」。——譯者注

⑥ 既根據理性也根據經驗，看來確定無疑的是，一個粗野的未受教化的野蠻人主要是透過私人的效用和傷害這樣一些觀念來規範他的愛和恨的，對於一般的行爲規則或體系他只有一些微弱的想法。對在戰鬥中與他對壘的人，他不僅在那幾乎不可避免的當下，而且自那以後直至永遠都恨之入骨，不施以最極端的懲罰和報復就絕不滿足。但是我們這些已經習慣於社會、習慣於更廣泛的反思的人卻考慮到：這個人是在爲他自己的國家和社會效力，任何人在同樣境況中也會做出同樣行爲，我們自己在類似的場合遵奉類似的指導，總之，人類社會是靠這樣的準則來維持的；透過這些假設和觀點，就在某種程度上矯正我們的較粗野的和較褊狹的激情。儘管我們的友誼和敵意在很大程度上仍是由對利益和損害的私人的考慮所規範的，至少這樣來對我們所習慣於尊重的一般的規則表示敬意，即，我們通常透過將惡意或不正義歸於對手而歪曲他的行爲，以發洩那

些起源於自愛和私人利益的激情。當一個人內心充滿憤怒時，他是絕不會缺乏這種口實的，儘管這種口實有時是非常瑣碎的，正如賀拉斯差點被一棵倒下的樹砸到時，裝腔作勢要控告當初栽種這棵樹的人犯有謀殺罪的口實一樣。

⑦ 指德性。——譯者注

⑧ 或譯作「誠實是最佳的策略」。——譯者注

附錄一　關於道德情感

如果接受前述假設，那麼現在就很容易弄清本書一開始①所提出的關於道德的一般原則的問題；儘管我們推遲了對這個問題的解決，以免它使我們陷入與道德討論不相適宜的複雜思辨中，目前我們卻可以重新拾起這個問題，考察**理性**和**情感**各自在關於稱讚或責難的一切決定中到底起著多大的作用。

道德的稱讚的一個首要基礎既然是被假定在於任何特質或行動的有用性中，那麼顯然，在所有這類決定中，**理性**必定起著相當大的作用；因爲除了這種能力，再沒有任何別的東西可以給我們指示特質和行動的趨向，給我們指明它們對社會以及對它們的擁有者的有益後果。在許多情況下，這都是一件容易引起重大爭論的事情；可能產生各種懷疑，可能出現各種對立的利益，優先選擇必定根據十分微妙的觀點並略偏重於效用而給予某一邊。這在關於正義的問題上尤爲明顯；實際上，這正是依據正義這一德性所帶來的那類效用而自然作出的一種假設。②如果正義的每個的事例都像仁愛的每個的事例那樣，是對社會有用的，這就會是一個比較簡單的事情狀態，也難以引起重大的爭論。但是由於正義的單個的事例在其最初的直接的趨向上往往是有害的，由於它們對社會的好處僅僅產生於對一般規則的遵奉，產生於一些行動同樣公正的個人的協力和聯合，因而事情在此就變得比較複雜和繁難。社會的各種不同的條件，任何實踐的各種不同的後果，人們可能提出的各種不同的利益，這些在許多場合都是可懷疑的，需待認眞探討和研究。國內法的目標是規定一切關於正義的問題，法學家們的辯論、政治家們的反思、歷史和檔案記載中的先例全都指向這同樣的目的。爲了在各種模糊的甚或對立的效用所引起的如此複雜的種種懷疑中給出眞正的規定，一種非常精確的**理性**或**判斷力**常常是必不可少的。

但是儘管理性在得到充分的幫助和改進時足以給我們指明特質和行動的有害的或有用的趨向，然而它單獨卻不足以產生任何道德的譴責或讚許。效用只是一種對於某個一定目的的趨向，如果這個目的是與我們完全漠不相關的，我們就會對實現這個目的的手段感到同樣漠然。爲了給予有用的而非有害的趨向一種優先選擇，在此就必須展現出一種**情感**。這種情感不可能是別的，只能是一種對人類的幸福的同情和對人類的苦難的憤恨，因爲這些正是德性和惡行各自趨向於促進的不同的目的。因此，在這裡，**理性**給我們指示行動的諸種趨向，**人道**則爲了有利於那些有用的和有益的趨向而作出一種區別。

在所有道德決定中知性能力和情感能力之間的這種劃分，根據前述假設似乎是清楚的。但是我將設定這個假設是虛妄的，那麼尋求其他令人滿意的理論就將是必不可少的；而我敢大膽地斷言，只要我們把理性假設爲道德的獨一無二的本源，這樣的理論就絕不會找到。爲了證明這一點，權衡以下五種考慮將是合適的。

一、對於一個虛妄的假設來說，當它完全著眼於一般，利用未經界定的術語，以比較代替例證時，要保持某種眞理的外觀是很容易的。這在那種把所有道德區別的辨識單單歸於理性、而排除情感的協力的哲學中尤爲明顯。這個假設，不論在一般的演說和言論中可能給人多麼貌似有理的形象，在任何特定的事例中哪怕要讓人能得以理解都是不可能的。考察一下例如忘恩負義這種罪惡：不論哪裡我們觀察到一方表現出明顯的善意並施以善舉，另一方卻回以惡意或漠然並報以惡舉或置之不理，忘恩負義這種罪惡便出現了；剖析所有這些因素，單純用你們的理性考察這種罪惡或譴責在於什麼，你們絕不會得到任何結果或結論。

理性要麼判斷**事實**，要麼判斷**關係**。那麼讓我們首先探究我們這裡稱爲**罪惡**的那個**事實**存在於何處，指出它來，規定它實存的時間，描述它的本質或本性，說明發現它的那種感官或能力。這個事實寓存於那個忘恩負義的人的心靈裡。因此他必定感受到它，意識到它。但是在他的心靈裡除了惡意或絕對漠然這種激情之外一無所有。你們不能說，這些東西自身永遠而且在一切條件下都是罪惡。不，唯有當它們指向先前對我們表達和顯示出善意的人時才是罪惡。因此我們可以推斷，忘恩負義的罪惡不是任何特定的單一**事實**，而是起源於一些複雜的因素，當這些因素被呈現於旁觀者時，由於旁觀者的心靈的特定的結構和組織，才激起譴責的**情感**。

你們說，這種描繪是虛妄的。其實，罪惡並不在於一個我們憑理性而確信其實在性的特定的事實，而在於我們用理性像發現幾何學或代數學的眞理那樣發現的一定的**道德關係**。但是我問，你們這裡所談到的關係是什麼？在上述情況中，我見到的先是一個人的善意和善舉，後是另一個人的惡意和惡舉。這兩者之間存在一種**對立**的關係。難道罪惡就在於這種對立的關係嗎？但是假設一個人對我懷有惡意或對我施以惡舉，而我反過來對他淡漠處之，甚或對他施以善舉。這裡存在同一種對立的關係，然而我的行爲通常是受高度頌揚的。你們盡可以隨心所欲地變換這個問題，你們絕不能由此而將道德性建立在關係的基礎上，而必須訴諸情感的決定。

當你們斷言二加三等於十的一半時，這個等式關係我完全理解。我設想，如果把十分成單位相等的兩部分，如果把其中任何一部分與二加三相比較，則它將包含與那個和數（number）相等的數量單位。但是，當你們由此而引出一種與道德關係的比較時，我承認我完全無法理解你們。一個道德的行動，一個例如忘恩負義的罪惡，乃是一個複雜的對象。難道道德性在於其各部分相互之間的關係嗎？在於什麼？依照什麼方式？詳細考察這種關係，使你們的命題更加精細和明確，你們將很容易看出它們的虛妄。

你們說：「不，道德性在於行動對正當規則的關係，行動按照其同正當規則的一致與否而被稱爲善的或惡的。」那麼這條正當規則是什麼？它在於什麼？它是如何規定的？你們說：「是由考察行動的道德關係的理性所規定的。」因此道德關係是由對行動和某條規則的比較所規定的。而這條規則又是由對對象的道德關係的考慮所規定的。這不是精緻的推理嗎？

這全都是形而上學，你們叫喊道。那就夠了，再沒有任何必要給出一個更有說服力的虛妄的假定。是的，我回答，這些確實是形而上學，不過它們全都在支持你們，你們在推進一個絕不可能讓人理解、也絕不可能適合於任何特定的事例或例證的玄奧假設。而我們所持的假設卻是淺顯明白的。它堅持道德性是由情感所規定的。它將德性界定爲**凡是給予旁觀者以**

快樂的讚許情感的心理活動或特質，而惡行則相反。我們接下來著手考察一個淺顯明白的事實，即什麼行動具有這種影響力。我們考慮這些行動所一致具有的所有因素，由此努力引出關於這些情感的某些一般的見解。倘若你們將這稱爲形而上學，並於此發現任何玄奧的東西，那麼你們只好斷定你們的心性不適合於精神科學（moral sciences）。

二、無論何時，當一個人愼重考慮自己的行爲（例如在一個特定的緊要關頭他最好是幫助兄弟還是幫助恩人）時，爲了確定優先的義務和責任，他都必須依照這些人所處於其中的環境和境況而考慮這些不同的關係；而爲了確定任何一個三角形的諸邊的比例，則都必須考察這個圖形的性質以及諸部分相互之間的關係。這兩種情況儘管看起來相似，其實卻存在極大的差異。對於三角形或圓，一個思辨的推理者考慮的是這些圖形諸部分的一些已知的和給定的關係，並依賴於這些關係而推論某種未知的關係。但是在道德思考中，我們必須預先熟悉所有對象以及這些對象相互之間的所有關係，透過整體的比較，我們才確定我們的選擇和讚許。沒有新的事實要去查明，也沒有新的關係要去發現。在我們能夠作出任何譴責或讚許的判決之前，一切因素都被假設擺在了我們面前。如有任何一個實質性的因素仍是未知的或可疑的，我們就必須首先運用我們的探究或智慧來弄清它，必須暫時懸置一切道德的決定或情感。當我們不清楚一個人是否是侵犯者時，我們如何能確定那個殺死他的人是有罪還是無罪呢？但是當每個因素、每種關係都知曉之後，知性則又沒有了進一步發揮作用的餘地，也沒有了它自己能夠發揮作用的對象。於是那種隨即發生的讚許或譴責就不可能是判斷力的作品，而只能是心（heart）的作品，就不是一個思辨性的命題或斷言，而是一種生動活潑的感受或情感。在知性的研究中，我們從已知的因素和關係推斷某種新的未知的因素和關係。在道德決定中，所有因素和關係都必須預先知曉，心靈則從對整體的靜觀中感受某種好感或厭惡、敬重或輕蔑、讚許或譴責的新印象。

因而在對**事實**的誤解和對**正當**的誤解之間就存在重大差異，因而這就是為什麼相同一件事通常一個人有罪而另一個人無罪的道理。當俄狄浦斯殺死拉伊俄斯③時，他並不知道他們之間的關係，根據無害的和非自願的（unvoluntary）因素，他對他所要採取的行動形成了錯誤的意見。但是當尼祿殺死阿格里披娜④時，他自己和她之間的一切關係，這個事實的一切因素，他都是事先已知的，然而在他殘酷的內心中復仇（vengeance）或恐懼或利益的動機壓倒了義務和人道的情感。當我們對他表示那種他自身早已麻木不仁的憎惡時，不是我們看出一些他所不知的關係，而是我們由於性情正直而對這件事情感到反感，而他則因受人諂媚和一貫作惡多端而不為之所動。因此，一切道德規定都正在於這些情感，而不在於任何關係的發現。在我們可以宣稱形成任何道德決定之前，對象和行動方面的一切事情都必須得到認識和查明。而我們自己方面留待要做的，僅僅是感受某種我們據以宣布那個行動為罪惡抑或德性的譴責抑或讚許的情感。

三、如果我們將道德的美和在許多方面與之有類似之處的自然的美作一番比較，這一學說將變得更加明白。一切自然的美都依賴於各部分的比例、關係和位置；但是倘若由此而推斷，對美的知覺就像對幾何學問題中的眞理的知覺一樣完全在於對關係的知覺，完全是由知性或智慧所作出的，那將是荒謬的。在一切科學中，我們的心靈都是根據已知的關係探求未知的關係；但是在關於趣味或外在美的一切決定中，所有關係都預先清楚明白地擺在我們眼前，我們由此出發根據對象的性質和我們器官的氣質而感受一種滿足或厭惡的情感。

歐幾里德充分解釋了圓的所有性質，但是對於圓的美在任何命題中都未置一詞。理由是不言而喻的。美不是圓的性質。美不在於圓的線條的任何一個部分，圓周各部分到圓心的距離是相等的。美僅僅是這個圖形在那個因具備特有組織或結構而容易感受這樣一些情感的心靈上所產生的一種效果。你們到圓中去尋找美，或者不是透過感官就是透過數學推理而到這個圖形的一切屬性中去尋求美，都將是白費心思。

看一看帕拉第奧⑤和佩羅⑥在解釋圓柱的所有部分和比例時的情形。他們談到了上楣、中楣、底、頂、柱身和下楣，對這些部位中的每一個都給予了描述和說明。但是倘若你們想要追問他們對於圓柱的美的描述和說明，他們就會乾脆地回答，美不在於圓柱的任何一個部分或部位，而是當這個複雜的圖形呈現於一個對那些精緻感覺比較敏感的理智心靈時從整體中產生的。直到這樣一個觀察者出現之前，存在的都不外是一個具有那樣一些特定尺寸和比例的圖形而已；只是從觀察者的情感中，它的雅緻和美才產生出來。

再看一看西塞羅描繪弗列斯⑦和喀提林納⑧之流的罪惡時的情形。你們必定承認，道德的醜同樣產生於它被呈現於一個其器官具有這樣一種特定結構和構造的存在物時他對整體的凝神靜觀。這位演說家可以將一方描繪爲狂暴、侮慢、野蠻成性，而將另一方描繪爲溫順、苦楚、悲傷、無辜。但是倘若你們感到這些複雜的因素並不激起你們的義憤或憐憫，那麼你們問他，他如此強烈控訴的罪惡或邪惡在於什麼？它剛開始實存於什麼時間或什麼主體？當所有行爲者的各種氣質和思想都澈底改變或湮滅時，它在其後的歲月又將變成什麼？不過是徒勞而已。對於任何這些問題，基於那個抽象的道德假設，絕不可能給出任何令人滿意的答案；我們最終必須承認，罪惡或不道德不是任何可成爲知性的對象的特定的事實或關係，而是完全起源於不滿的情感，這種不滿的情感是我們在領受野蠻和背信棄義時經由人類本性的結構而必然感受的。

四、無生命的對象相互之間可以保持我們在道德行爲者中間所觀察到的所有同樣那些關係，儘管前者絕不能成爲愛或恨的對象，因而也絕不能被認爲具有價值或罪惡。一棵超拔於並毀滅了其親本的子樹，處在與尼祿謀殺阿格里披娜完全相同的關係中，如果道德性單純在於關係的話，它也將毫無疑問地是同樣有罪的。

五、看來很顯然，在任何情況下，人類行動的最終目的都絕不能透過**理性**來說明，而完全訴諸人類的情感和感情，毫不依賴於智性能力。問一個人「他爲什麼鍛鍊」，他將回答「因爲他希望保持健康」。如果你們接著探究「他爲什麼希望健康」，他將樂於回答「因爲疾病使人痛苦」。如果你們把探究更推進一步，想得到「他爲什麼憎惡痛苦」的理由，他則不可能給出任何一個理由。這是一個最終目的，絕不關聯於任何其他的對象。

或許對於你們的第二個問題「他為什麼希望健康」，他也可能回答「那是他熱情工作所必需的」。如果你們問「他為什麼那樣在乎那份工作」，他將回答「因為他希望掙到錢」。如果你們還要求問個「為什麼？」他就說「金錢是快樂的工具」。在此之外再去尋求一個理由，就是一件荒唐的事。不可能有一個**無限的**過程，也不可能一事物總能成為另一事物為什麼被欲求的理由。某個事物之所以令人欲求，必定是因為它自身之故，因為它直接符合或一致於人類的情感和感情。

現在由於德性就是一個目的，而且因為它自身之故，毋須任何報酬和獎賞，單純因為它所傳達的直接滿足就令人欲求，因此必不可少的是，應當存在某種它所觸動的情感，某種內在的趣味或感受，或者不論你們樂意於怎樣稱呼的東西，這種東西區別開道德的善和惡，接受前者而摒棄後者。

這樣，理性和趣味的範圍和職責就容易確斷分明了。前者傳達關於眞理和謬誤的知識；後者產生關於美和醜、德性和惡行的情感。前者按照對象在自然界中的實在情形揭示它們，不增也不減；後者具有一種創造性的能力，當它用借自內在情感的色彩裝點或塗抹一切自然對象時，在某種意義上就產生一種新的創造物。理性，由於是冷漠而又超然的，因而不是行動的動機，僅僅透過給我們指明達到幸福或避免苦難的手段，而引導我們出自欲望或愛好的衝動；趣味，由於它產生快樂或痛苦並由此構成幸福或苦難之本質，因而就變成行動的動機，是欲望和意欲的第一源泉和動力。前者根據已知的或假設的因素和關係，引導我們發現隱藏和未知的因素和關係；後者在一切因素和關係擺在我們面前之後，使我們從整體感受一種新的關於譴責或讚許的情感。前者的標準基於萬物的本性之上，是永恆不變的，即使最高存在物的意志也不能改變；後者的標準來自動物的永久的構架和組織，並最終衍生於那個最高存在物的意志——這個意志賦予了每一個存在物以其特有的本性，並給整個實存安排了諸種等級和秩序。

【注釋】

① 第一章。

② 見附錄三。

③ 拉伊俄斯，Laius，古希臘神話中的底比斯國王，俄狄浦斯（Oedipus）的生父。俄狄浦斯出生不久便被其所遺棄，在別人的撫養下長大。後來俄狄浦斯在流浪中與他相遇，兩人因讓道的事發生爭執，結果他被俄狄浦斯所殺，從而釀成了俄狄浦斯在不知情狀態下的弒父之罪。——譯者注

④ 阿格里披娜，Agrippira，一六—五九年，尼祿之母。她幫助尼祿取得了皇位，但總喜愛干預政治，干涉和控制尼祿的私生活。尼祿為了擺脫她而將她謀殺：先是將她誘騙到海上裝進機關沉入海底未果，後來乾脆直接在她的鄉間別墅裡將她刺死。——譯者注

⑤ 帕拉第奧，Palladio，一五一八—一五八〇年，義大利文藝復興後期建築師，曾測繪和研究古羅馬建築遺址，並著有《古建築測繪圖集》，對十八世紀古典主義建築形式產生過深刻的影響。——譯者注

⑥ 佩羅，Perrault，一六三一—一六八八年，法國醫生兼建築師。——譯者注

⑦ 弗列斯，Gaius Verres，約西元前一二〇—前四三年，古羅馬執政官。——譯者注

⑧ 喀提林納，Cartilina，西元前一〇八—前六二年，古羅馬大法官，非洲行省總督。西元前六三年，他結黨營私企圖奪取政權，西塞羅作爲執政官發表「反喀提林納演說」並施以武力鎮壓，次年，戰敗被殺。——譯者注

附錄二　論自愛①

有一條原則被假設在眾多的原則中處於支配的地位，它是與一切德性或道德情感完全不相容的；由於它除了出自最墮落的氣質不可能出自任何別的東西，因而它就隨之趨向於更進一步助長那種墮落。這條原則就是，整個仁愛是純粹的僞善，友誼是一種欺騙，公共精神是一種滑稽，忠實是一種獲取信任和信賴的圈套；當我們全都心底裡只追求我們自己的私人利益時，我們就披上這些漂亮的僞裝，以解除他人的防備，使他人更暴露於我們的詭計和陰謀面前。當一個人擁有這樣的原則、感到沒有什麼內在的情感是與如此有害的理論不相一致時，他必有一顆什麼樣的心，是很容易想像的；而對一個他以如此醜陋的色彩加以描繪、並設想其不可能有感激或任何感情回報的物種，他能懷有何種程度的感情和仁愛，也是很容易想像的。或者如果我們不應當把這些原則完全歸於一顆腐敗的心，我們就必須至少透過最粗疏和最倉促的考察來說明它們。的確，膚淺的推理者，當他們看到人類中存在許多欺騙，或許也感到他們自己氣質中沒有任何很有力的約束時，可能引出一個一般而又草率的結論，即，所有人都是一樣腐敗的，人類儘管與其他動物，實際上與其他種類的存在物都不同，但他們之間沒有任何好或壞的差別，在任何情況下都不過是披著不同僞裝和外衣的相同被造物。

另有一條原則多少與前面那條原則有些相似，它一直爲哲學家們所牢固地堅持著，一直是許多體系的基礎。這條原則就是，不論一個人可能感受到或者想像自己同情到什麼感情，沒有一種激情能夠是無私的；最慷慨的友誼，不論多麼眞誠，都是自愛的一種變體；

甚至我們自己也不知道，當我們看來全心全意從事為人類謀劃自由和幸福時，我們只是在尋求自己的滿足。透過想像力的傾向，透過反思的提煉，透過激情的熱忱，我們似乎加入了他人的利益、並想像我們自己排除了一切自私的考慮；但實際上，最慷慨的愛國者和最吝嗇的守財奴，最勇敢的英雄和最怯弱的懦夫，在每一個行動中都是一樣關注他自己的幸福和福利。

無論誰根據這種觀點的表面趨向而推斷，那些聲言信奉它的人絕不可能感受眞正的仁愛情感，或絕不可能對眞正的德性有任何尊重，他將經常發現自己其實是完全錯誤的。篤實和正直對伊比鳩魯及其學派並不陌生。阿提庫斯②和賀拉斯似乎從自然中求得樂趣，透過反思增進教養，氣質如同那些嚴肅學派的門徒一樣慷慨而友善。在現代人中，霍布斯和洛克堅持自私論的道德體系，然而過著無可挑剔的生活，儘管霍布斯不受宗教——它或許可以彌補他的哲學之不足——的任何約束。

一個伊比鳩魯主義者或一個霍布斯派的人很容易承認，世界上存在諸如友誼之類沒有偽善或偽裝的事物；儘管他可能試圖透過一種哲學化學將這種激情的元素分解（如果我可以這麼說的話）成另一種激情的元素，並將每一種感情都解釋成自愛，解釋成自愛被特定的想像力傾向所變形和鑄造成的不同現象。但是由於同一種想像力傾向並不對每一個人起支配作用，也不給予這種原始的激情同一種指導，因此即使按照自私論的道德體系，這也足以在人類性格中造成極大差異，並將一個人稱為有德性和人道的，而將另一個人稱為邪惡和卑鄙自私的。我敬重這樣的人，他的自愛無論透過什麼方式都這樣被指導，以至於使得他對他人懷有關懷之心，對社會能有所助益；正如我憎惡或輕蔑這樣的人，他毫不關注超出他自己滿足和享受之外的任何事物。如果你們建議，這兩種性格雖然表面是對立的，但其實是同一種，一種完全微不足道的思想傾向形成它們之間的整個差異，那將是徒勞的。在我看來，每一種性格，儘管存在這些微不足道的差異，其實都是相當持久和不易改變的。我發現，在這個主題上正如在其他主題上一樣，事物的一般現象所引起的自然情感很容易被關於這些現象的微小根源的精巧反思所毀滅。即使我從哲學懂得，人的面容的全部差異起源於臉部皮膚各個最小部分的最小厚薄的差異，透過這些差異，臉部表面才能反射某種光原色和吸收其他光原色，難道一個人生動、歡喜的臉部顏色就不激起我滿足和快樂嗎？

但是儘管關於人的自私性是普遍性的還是部分性的這個問題，也許並不像一般所想像的對道德和實踐那麼重要，然而它在關於人類本性的思辨科學中確定有著重要的意義，是一個令人好奇和值得探究的適當對象。因此，在這個地方對它稍作反思可能是合適的。③

對自私論假設的最明顯的異議是，由於它是與一般的感受和我們最無成見的思想相反，因此要確立一個如此反常的不通之論就需要哲學作出最大伸展。甚至在最粗心的觀察者看來，也存在諸如仁愛和慷慨這類氣質，諸如愛情、友誼、同情、感激。這些情感有著其各自的原因、結果、對象和作用，它們被日常語言和觀察標示出來，明顯地區別於自私性的激情的原因、結果、對象和作用。由於這是事物的顯而易見的現象，因而它必須受到承認，直到發現某種假設，這種假設透過更深入洞察人類本性，而可以證明這些仁愛性不過是自私性的變體而已。然而所有這類嘗試，迄今證明都是毫無成果的，都似乎完全發端於那種是極端虛妄的哲學推理之源的對**簡單性**（simplicity）的熱愛。我在此並不想就當前這個主題作任何細節性的討論。許多卓有才能的哲學家已經指明這些體系之不足。我將認作理所當然的，是我相信最少的反思就使之對每個公正的探究者都變得明證的東西。

但是這個主題的性質卻提供了一個最強有力的假設，即，將來也不可能發明任何更好的體系，以便說明仁愛性的感情起源於自私性的感情，和將人類心靈的各種情緒全都還原爲一種完美的簡單性。在這類哲學中與在物理學中情形並不相同。在物理學中，許多與自然的最初現象相反的假設，透過更精確的考察，發現是可靠的和令人滿意的。這類事例屢見不鮮，以致一位卓有見識和機趣的哲學家④大膽斷言，如果任何現象可以有一種以上的產生方式，那麼一個一般的假設就是，它產生於最不明顯和最不熟悉的原因。但是在關於我們激情的起源和人類心靈內在活動的起源的一切探究中，假設卻總是決定於相反的方面。在這些探究中所能歸於任何現象的最簡單和最明顯的原因，或許就是其眞正的原因。當一個哲學家爲了闡明自己的體系而不得不訴諸一些相當複雜和精緻的反思，並將這些反思設想爲任何激情或情緒的產生不可或缺的時候，我們有理由全神戒備、警惕如此謬誤的一個假設。感情是不容易受理性或想像力的提煉所產生的任何印象影響的；我們總是發現，理性和想像力的生氣蓬勃的發揮必然由於人類心靈的狹小容量而摧毀感情的全部活力。誠然，我們的起支配作用的動機或意圖，當它與我們心靈出於虛榮和自負而希望假定其更具優勢的其他動機相混淆時，經常是對我們隱藏起來的；然而沒有任何一個事例顯示這種性質的隱藏是由於這個動機本身的玄奧和複雜。一個失去朋友和恩人的人可能自以為他的全部悲傷都發自高尚的情感，絲毫沒有夾雜狹隘或偏私；但是一個爲某個曾經需要他說明和保護的珍貴朋友而悲傷的人，我們怎能假設，他的深情哀傷發自對某種自身毫無基礎或實在性的自我利益的某些形而上的關注呢？我們可以像想像微小的齒輪和鏈條，正如手錶中的那些，驅動著載重的大馬車一樣，而根據如此玄奧的反思來說明激情的起源。

我們發現動物不但對它們自己同類、而且對我們人類都有友好對待的傾向，這種情況不存在絲毫僞裝或詭計的嫌疑。難道我們也應當根據自我利益的精緻推論來說明**它們的**所有情感嗎？或者如果我們承認這些低等物種具有無私的仁愛，那麼透過什麼類比規則，才能否認我們這個高等物種具有無私的仁愛呢？

兩性之間的愛產生一種與欲望的滿足截然不同的滿意和善意。在所有感性存在物中，對其幼嗣的溫情通常單獨就能抗衡最強烈的自愛動機，而且這種溫情毫不依賴於自愛這種感情。一位慈愛的母親，殷勤照料自己體弱多病的孩子而失去健康，當孩子夭折而她得免照料之苦時，又因悲痛而憔悴以致死亡，她能指望獲得什麼利益呢？

難道感激不是人類胸懷的感情，或者難道它只是一個沒有任何意義或實在性的語詞嗎？難道我們不更樂意於與這個人而不是另一個人交往，不希望我們的朋友財運亨通，即使不在場或死亡將使我們無法分享它？或者即使當我們活著和在場時，難道我們從它分享的除了我們對他的好感和尊重之外通常還有什麼別的嗎？

這些以及成千上萬的其他事例都是人類本性中的一般的仁愛的標誌，其中並沒有任何**實在的**利益將我們束縛於對象之上。因而一種已知並確認爲**想像的**利益如何能是任何激情或情緒的起源就似乎難以得到解釋。這類假設令人滿意的迄今爲止一個也沒有發現，也不存在最微小的可能將來人類的勤奮將帶來更可喜的成功。

但是更進一步，如果我們正當地考慮這個問題，將發現一個主張與自愛截然不同的無私的仁愛的假設，較之於一個試圖把友誼和人道全都分析成自愛的假設，其實包含更大的**簡單性**，也更合乎自然的類比。有一些爲人人所承認的身體需要或欲望，它們必然先行於一切官能享受，驅使我們直接尋求對對象的占有。因而，饑和渴以吃和喝爲目的，這些第一性的欲望的滿足產生一種快樂，這種快樂可以變成另一類第二性的和相關聯的欲望或愛好的對象。同樣，有一些心理激情，它們迫使我們直接尋求諸如名望、權力，或與利益毫不相干的復仇之類的特定對象；這些對象一旦獲得，隨即就將出現一種使人快樂的享受，作爲我們放縱感情的後果。在我們可能因獲得名望而得到快樂，或出於自愛動機和幸福欲望而追求名望之前，大自然必定已經透過我們心靈的內在結構和組織而賦予我們對於名望的原始傾向。如果我沒有虛榮心，就不會對稱讚感到高興；如果我沒有野心，權力就不會給我以享受；如果我沒有憤怒，對對手的懲罰就會與我漠不相關。在所有這些情形中都存在著一種激情，它直接指向對象，並將對象規定爲我們的利益和幸福，正如一旦我們的原始感情將這種激情規定爲我們的幸福，就有另一些第二性的激情隨即產生出來，並將前一種激情作爲我們幸福的一部分加以追求一樣。如果不存在任何先行於自愛的欲望，大自然所賦予的那種原始傾向就幾乎不可能發揮出來；因爲在那種情形下，我們所感受的痛苦或快樂就將數量極微、程度極弱，而我們所規避或追求的苦難或幸福就將極少。

現在，如果設想仁愛和友誼也可以是這同一種情形，設想根據我們性情的原始結構，可以感受自己內心對他人的幸福或利益的欲望，他人的幸福或利益透過這種感情而變成我們自己的利益，而後我們出於仁愛和自我享受的雙重動機而加以追求，有何困難呢？誰不見那種單純出於激情威力的復仇可以受到如此狂熱的追求，以至於導致我們有意拋開一切舒適、利益或安全的考慮，而像某些報復性的動物那樣全神貫注於給敵人造成傷害；⑤一種哲學如果不允許人道和友誼獲得敵意和怨恨這些陰暗的激情所不爭地享有的那同樣的特權，必定是多麼惡毒的一種哲學；這樣一種哲學與其說是對人類本性的一種眞正描繪或描述，寧可說更像一個洩欲狂；它可以構成自相矛盾式的機趣和嘲弄的一個良好基礎，然而卻是任何嚴肅的論證或推理的一個很糟糕的基礎。

【注釋】

① 《休謨哲學著作集》注：本篇論文在第三版之前的版本中作爲「論仁愛」的導論而出現。

② 阿提庫斯，Atticus，西元前一〇九－前三二年，古羅馬騎士，伊比鳩魯主義者，以和西塞羅關係親密而著名。他一生不依附於任何團體，過著恬靜而淡泊的生活。——譯者注

③ 仁愛自然地分成兩種：一般的仁愛和特定的仁愛。前者是我們在對一個人完全沒有友誼或親情或敬重時對他單純感受的一種同情，亦即對他的痛苦的憐憫和對他的快樂的祝賀。後一種仁愛則基於一種關於德性的觀點，基於所施予我們的幫助，或基於某種特定的親情。這兩種情感必須承認都是實存於人類本性之中的；但是它們能否分解成對自愛的一些微妙考慮卻是一個令人好奇的而非重要的問題。前一種情感，亦即一般的仁愛或人道或同情的情感，我們在本探究過程中將經常有機會論及；根據一般的經驗，毋須任何其他證據，我將它假定爲實在的。

④ Mon. Fontenelle.（豐德耐爾先生，一六五七－一七五七年，法國科學家、文學家和哲學家；伏爾泰稱他爲「路易十四時代所產生的最廣博的心靈」。——譯者注）

⑤ Animasque in vulnere ponunt. VIRG. Dum alteri noceat, sui negligens, says Seneca of Anger. De Ira, I. i.（他們全神貫注於傷害。維吉爾：《農事詩》，卷四。安格爾的塞涅卡說，當他們傷害別人時，毫不顧惜自己。《論憤怒》，I，i。）

附錄三　對正義的進一步思考

本附錄的旨趣在於更具體地闡釋正義的起源和本性，以突顯它與其他德性之間的某些差異。

人道和仁愛這兩種社會性的德性發揮其作用是透過一種直接的趨向或本能，這種趨向或本能主要著眼於打動感情這一簡單的對象，而不理會任何體制（schedule）或體系，亦不理會他人的協力、模仿或榜樣所產生的後果。父母不顧一切去減輕孩子的痛苦，那種自然的同情驅動著他們，使他們無暇去考慮其餘的人類在類似情況下的情感或行爲。慷慨的人高興地接受爲朋友效勞的機會，因爲他那時感到自己被仁愛的感情支配著，他亦不關心這世界上任何別人是過去曾經受到如此高貴的動機的激勵、還是將來將會證明如此高貴的動機的作用。在所有這些情況下，社會性的激情都是著眼於某個各別對象，僅僅追求所愛和所敬重的那個人的安全或幸福。它們滿足於此、默許於此。由於它們的寬厚影響所產生的好處是完滿和完整的，因而這種好處也就直接激起讚許的道德情感，而毋須對於其更深遠的後果有任何反思，毋須對於社會其他成員的協力或模仿的任何更廣泛的考察。相反，如果慷慨的朋友或無私的愛國者在躬行仁愛的過程中孤立無援，這將反倒提升他在我們心目中的價值，把稀罕和新奇的稱讚賦予他的其他更高貴的價值。

正義和忠實這兩種社會性的德性，情形則不盡相同。正義和忠實是對人類的福利非常有用的，或者說其實是絕對必需的；但是它們的益處不在於個人的單一行動的後果，而起源於社會整體或其大部分一致贊同的整個體制或體系。全面的和平和秩序是正義的伴生物，亦即全面禁絕侵犯他人財產的伴生物；但是對個體公民的這一特定權利（財產權）的特定尊重就其自身而論往往可能產生有害的後果。在這裡，單一行動的後果在許多事例中是與整個行動體系的後果直接對立的；前者可能是極端有害的，後者則是極度有利的。從父輩繼承的財富在惡人手中是爲非作歹的工具。財產繼承的權利在單一事例中可能是有害的。它的益處僅僅起源於對一般規則的遵奉；倘若由此而能彌補特定的性格和處境所造成的不幸和不便，那就足夠了。

年輕而未經世的居魯士①在將長衫分派給高個男孩，而將短衫分派給小個男孩時，只考慮了眼前的單一的情況，只反思了有限的合適和便利。當太傅則教他做得更好，向他指出更廣泛的視野和後果，告訴他維持社會的全面的和平和秩序所必需的一些一般的、不可變易的規則。

人類的幸福和繁榮起源於仁愛這一社會性的德性及其分支，就好比城垣築成於眾人之手，一磚一石的壘砌使它不斷增高，增加的高度與各位工匠的勤奮和關懷成正比。人類的幸福建立於正義這一社會性的德性及其分支，就好比拱頂的建造，各個單一的石頭都會自行掉落到地面，整體的結構唯有透過各個相應部分的相互援助和聯合才支撐起來。

一切規範所有權的自然法以及一切民法都是一般性的，都僅僅尊重案件的某些基本的因素，並不考慮個人的性格、境況和關係，不考慮這些法律的規定在任何特定案件中可能產生的特定結果。它們毫無顧忌地剝奪一個心地慈善的人的所有財產，倘若這些財產是誤得的、沒有正當名義的話，以便將之贈予一個剩餘財富已堆積如山的自私的守財奴。公共的效用要求所有權應當受一般的、不可變易的規則所規範；雖然這樣的規則被採納來盡可能促進公共的效用這同一個目的，然而對它們來說要防止一切特定的困苦或使每一單個的事件都產生有益的後果是不可能的。如果整體的計畫或體制是公民社會的維持所必需的，如果由此在大體上善多於惡，那就夠了。甚至宇宙的一般的法則，儘管是由無限的智慧所計畫的，也不能排除其每一次特定的運行中的所有災難或不便。

曾經有人斷言，正義起源於**人類的約定**（convention），發端於人類的自願的（voluntary）選擇、同意或結合。如果「約定」在此是指「許諾」（它是這個詞的最通常的意義），那就沒有什麼是比這種觀點更荒謬的。對許諾的遵奉本身就是正義的最重要的部分之一，我們並不因為我們答應遵守許諾就一定約束自己遵守許諾。但是如果約定是指一種對共同利益的感覺，這種感覺是人人在自己內心裡感受到、在自己同胞身上覺察到、在自己和他人協力時將自己帶入一個旨在促進公共的效用的一般行動計畫或體系中的，那麼必須承認，在這個意義上，正義起源於人類的約定。因為如果我們承認（這其實是自明的），一個特定的正義行為的特定後果可能既有害於公共也有害於單個人，那麼結果就是，人人在接受正義這一德性時必定著眼於整體的計畫或體系，必定期望他們的同胞以同樣的行為和舉止相呼應。如果人人都將自己的視野完全局限在自己的各個行為的後果上，那麼他們的仁愛和人道，以及他們的自愛，就可能經常給他們頒布一些與那些合乎嚴格的正當規則和正義規則的行爲標準完全不同的行爲標準。

因此，透過爲了共同利益的共同的約定，毋須任何許諾或契約，一艘舟上的兩個人就搖起槳櫓；因此，透過人類的約定和協議，金和銀就被製成交換的尺度，話語和語詞以及語言就被確定下來。凡是所有人盡其一分力量就對兩個或更多的人有好處的事情，凡是單單一個人做來就使所有好處喪失殆盡的事情，都絕不可能起源於任何別的原則。否則任何人都不會有進入那種行爲方式的動機。②

「自然的」這個詞通常被從如此眾多的意義上加以理解、有著如此鬆散的意蘊，以致看來要爭論正義是自然的還是非自然的都是白費氣力。如果自愛、如果仁愛對於人是自然的，如果理性和深謀遠慮對於人也是自然的，那麼這同一個詞也可以運用於正義、秩序、忠實、所有權、社會。人們的愛好和必需引導他們結合起來，他們的知性和經驗告訴他們，這種結合在人人不以任何規則轄制自己、不對他人財產給予任何尊重的地方是不可能的；根據這些激情和與之結合在一起的反思，一俟我們從他人身上觀察到類似的激情和反思，這一貫穿一切時代的正義情感就可靠無誤地、程度或此或彼地在人類每一個個體身上出現了。在如此睿智的一種動物身上，其智性能力的運用所必然產生的東西可以正當地認定爲自然的。③

在一切文明化的民族，人們一直在不斷努力將一切任意的和偏私的事物從關於所有權的決定中清除出去，透過諸如對社會成員一律平等之類的一般觀點和考慮來規定法官們的判決。因爲不但最危險的莫過於讓法庭習慣於甚至在最無足輕重的審理中注重於私人的友誼或敵意，而且確定無疑的，當人們想像他們對手的優先權利的理由沒有別的、不過是裁判官和法官的個人好惡時，他們很容易對裁判官和法官抱以最強烈的惡意。因此，當自然理性不能指明可用以判決所有權紛爭的關於公共效用的確定觀點時，成文法就常常被構造出來以取代它的地位，指導所有司法法院的程式。如果這些成文法也不適用，正如經常發生的那樣，先例就受到援引；而一個先前的判決，儘管其自身並沒有任何充足的理由，卻正當地變成新的判決的充足的理由。如果直接適用的法和先例都沒有，不完備的和間接適用的法和先例就被引來相助；透過類比推理和比較，透過它們之間經常與其說是實在的，寧可說是想像的相似性和一致性，這例紛爭案件就被歸於這些法和先例之下。大體上，我們可以很有把握地斷言，法理學（jurisprudence）在這一方面與所有科學都不同，它的許多微妙的問題都不能確切地認爲眞理或謬誤就在於哪一邊。當某方的律師透過精緻的類比或比較將案件歸入任何先前的法或先例時，對方的律師也不愁找不出相反的類比或比較；而法官所給予的優先權利的判決，經常與其說是基於任何嚴密的論證，不如說是基於想像力和趣味。公共的效用是所有司法、法院的一般目標，這種效用也要求有一條穩定的規則對一切紛爭起作用；但是當幾條近乎相等和不分軒輊的規則同時出現時，正是一種非常微弱的思想傾向規定著有利於哪方的判決。[4]

在我們結束這個主題之前，我們還可以注意到，當正義的法律按照一般效用的觀點被確定之後，觸犯這些法律而給任何單個人造成的傷害、痛苦和損害就相當受重視，是每一個不正當或不公正的事件之受普遍譴責的一個重大本源。根據社會的法律，這件衣服、這匹馬是我的，應當永遠爲我所保有；我指望安然地享用它；你們將它從我這裡奪走，就會使我的期望落空，就會加倍使我不快，就會觸犯每一位旁觀者。就公道規則被違犯而論，這是一件公共的不正當；就一個個人被傷害而論，這是一件私人的損害。儘管倘若前一種考慮不預先建立，後一種考慮就不可能發生，因爲否則我和你的區別就不會被社會所知曉；然而問題僅僅在於，對一般的好處的尊重在很大程度上是受對特定的好處的尊重所強制的。損害社會而不傷害任何單一個人的事情經常不那麼被人所重視。但是如果極端嚴重的公共的不正當也伴隨有相當嚴重的私人的不正當，如此不義的一個行爲招致極端強烈的不滿就是毫不奇怪的。

【注釋】

① 居魯士，Cyrus，約西元前六〇〇—前五二九年，古波斯帝國國王，阿契美尼德王朝的創立者。——譯者注

② 這一關於所有權的起源、因而關於正義的起源的學說大體上與格勞秀斯所提示和採納的相同。「Hinc discimus, quae fuerit causa, ob quam a primaeva communione rerum primo mobilium, deinde et immobilium discessum est: nimirum quod cum non contenti homines vesci sponte natis, antra habitare, corpore aut nudo agere, aut corticibus arborum ferarumve pellibus vestito, vitae genus exquisitius delegissent, industria opus fuit, quam singuli rebus singulis adhiberent: Quo minus autem fructus in commune conferrentur, primum obstitit locorum, in quae homines discesserunt, distantia, deinde justitiae et amoris defectus, per quem fiebat, ut nec in labore, nec in consumtione fructuum,quae debebat, aequalitas servaretur. Simul discimus, quomodo res in proprietatem iverint; non animi actu solo, neque enim scire alii poterant, quid alii suum esse vellent, ut eo abstinerent, et idem velle plures poterant; sed pacto quodam aut expresso, ut per divisionem, aut tacito, ut per occupationem.」*De jure belli et pacis*. Lib. ii. cap. 2. §2. art. 4 and 5.（「由此我們可以得知，存在最先動產公有制得以瓦解、其後不動產公有制得以瓦解的原因；毋庸置疑，由於孱弱的人類自身天生不滿足於以穴爲居，不滿足於赤身裸體或穿著樹皮而行動，他們在生活方式上精益求精，對個別事物、個別對待的那種努力就是必需的；其次爲了使產品更少地聚集於公社，最先發生了人們地位的劃分的差別，後來發生了正義和愛的衰退，以致不論在勞動中或在對產品的應有的消費中平等都不復存在。同時我們還可以得知，他們把財物轉化爲所有權的方式不是單單借助於心靈的活動，不是因爲一些人有能力知道另一些人想把什麼據爲己有就予以阻止，並期望自己占據較大的部分，而是借助於某種約定，或者明確的約定，例如透過分配，或者默許的約定，例如透過占有。」《戰爭與和平法》，卷二，第二章，第二節，第四條和第五條。）

③ 「自然的」既可以與「不尋常的」、「神跡的」相對，也可以與「人爲的」（artificial）相對。在前兩種意義上，正義和所有權無疑都是自然的。但是由於正義和所有權以理性、深謀遠慮、設計以及人們當中的一種社會性的聯合和聯盟爲前提，因此「自然的」這個詞在後一種意義上嚴格說來或許並不能適用於它們。假如人類曾經沒有社會而生活過，則所有權就絕不會被知曉，正義與不正義也都絕不會實存。而人類的社會沒有理性和深謀遠慮則絕不可能存在。低等動物的結合是由本能所指導的，本能取代理性的地位。然而所有這些都不過是些言辭爭論而已。

④ 占有物應當存在一種劃分或區別，這種劃分應當是穩定的和恆常的；這是社會的利益所絕對地要求的，因此構成正義和所有權的起源。什麼占有物分配給什麼特定的個人，這一般說來是相當無關緊要的，往往決定於十分瑣碎的觀點和考慮。我們將提到一些特定的事例。

如果一個社會是在一些獨立的成員當中形塑的，那麼可能獲得一致贊同的最明顯的規則將是，爲**當前的**占有添附（accession）所有權，賦予每一個人對他當前所享有的一切以權利。個人與對象之間所發生的占有關係自然地就引出所有權關係。

根據類似的理由，占領或最先占有就變成所有權的基礎。

如果一個人對先前不屬於任何人的任何對象付出勞動和勤奮，例如修剪一棵樹、耕墾一塊地等等，那麼他所造成的改變就引起他和這個對象之間的一種關係，並自然地使我們根據這種新的所有權關係而將這個對象附加予他。這個原因在此是與本身在於鼓勵勤奮和勞動的公共效用相一致的。

在這個例子中，或許對占有者的私人的人道和其他動機協力發生作用，使我們將他憑汗水和勞動獲得的東西、將他一向自得其樂地享受的東西讓他保存著。因爲儘管私人的人道絕不能是正義的起源，這是因爲正義這種德性經常是與人道這種德性相矛盾的，然而當劃分和保持占有的規則一旦經由社會的不可避免的必需性而形塑，私人的人道和一種對傷害他人的反感就可以在一個特定的事例中產生一條特定的所有權規則。

我很傾向於認爲，財產繼承和世襲的權利在很大程度上依賴於想像力的那些聯結，與前所有主的關係導致與前所有主的對象的關係，這是人死後其財產所有權被轉移給親屬的原因。的確，勤奮由於占有向子女或近親轉移而受到更大鼓勵；不過這種考慮惟有在開化的社會中才會出現，雖然財產繼承的權利甚至在最野蠻的民族中也都受到尊重。

所有權由**添附**而獲得，這絕不能透過任何別的方式，只能借助於想像力的關係和聯結得到解釋。河流的所有權，根據大多數國家的法律，根據我們思想的自然傾向，歸於河流兩岸的所有主，諸如萊茵河或多瑙河之類的大河是例外，它們似乎太大而不適合於用作對它們毗鄰的田野的所有權的添附。然而甚至這些大河也被當作它們所流經的國家的財產，被當作具有與它們相匹配的、並與它們保持一種想像的關係的適當面積的國家的觀念。

民法學家認爲，對河流邊的土地的添附應當依照陸地，如果那塊土地是他們稱爲**衝擊物**的東西，亦即不知不覺地形成的東西的話；正是不知不覺這種因素促進著想像力的聯結。

如果有任何相當大的一部分突然被從河流的此岸拆走而加到河流彼岸，那麼直到這部分與其所附著的土地結合起來，直到樹木和植被的根莖蔓延到兩邊之前，對於其所附著的土地的主人來說，這部分都不成其爲**他的**財產。在那之前，思想不足以將它們連接起來。

簡而言之，我們必須始終區分人們的占有得以劃分和保持的必需性與特定的對象由以被分配給特定的個人的規則。那種必需性是明顯的、強烈的和不可克服的；這些規則可能依賴於一種更輕微和更瑣碎的公共的效用，依賴於私人的人道的情感和對私人的傷害的反感的情感，依賴於成文法，依賴於先例、類比和想像力的非常微妙的聯結和傾向。

附錄四　論某些言辭爭論

當哲學家們想像他們正在從事意義極其深遠和影響極其廣泛的爭論時，他們往往入侵文法學家的領地，捲入語詞之爭。正是爲了避免如此無聊而又如此漫無休止的爭吵，我已本著極其謹慎的態度陳述了我本書所從事的探究的對象，簡單地提出了要一方面彙集那些構成愛或敬重之對象並形成一部分個人價值的心理特質，另一方面彙集那些構成責難或譴責之對象並降低擁有它們的那些個人的性格的心理特質，附帶反思這些稱讚或譴責的情感的根源。在一切可能出現絲毫猶疑的場合，我都避免使用**德性**和**惡行**這兩個術語，因爲我所劃入稱讚的對象的那些特質，有些在英語中獲得的名稱是**才能**而不是**德性**，正如有些可譴責或可責難的特質經常被稱爲**缺點**而非**惡行**一樣。現在人們或許可能期望，在我們結束這一道德探究之前，我們應當將它們相互精確地區別開來，應當標明德性與才能、惡行與缺點之間的確切的界線，並且應當說明這種區別的理由和根源。但是爲了使我自己免卻這一最終證明不過是文法探究的任務，我將補充下面四個反思，它們包含我對當前這個主題的全部說法。

首先，我發現，在英語或其他任何現代語言中，德性與才能、惡行與缺點之間的界線並沒有得到精確的釐清，亦即它們並沒有能被相互參照而給出一個準確的界定。例如，如果我們想說唯獨自願而爲的令人敬重的特質才有資格獲得德性之名，我們立即就會蒐集到勇敢、鎮定、忍耐、自制這些特質，以及幾乎每一種語言所歸入這個名稱之下的其他許多儘管很少依賴於或根本不依賴於我們的抉擇的特質。如果我們想斷言唯獨促使我們爲社會克盡自己一份職責的特質才有資格獲得這個光榮的稱號，我們必定立即就會想到，這些特質誠然是極其可貴的、通常被稱爲**社會性**的德性，但是恰恰「社會性的」這個詞本身就意味著還有另外一類德性。如果我們想把握**智性的**（intellectual）才能與**道德的**才能之間的區別，並斷言唯獨後者才是實在的和眞正的德性，因爲唯獨它們才導致行動，我們就會發現那些通常被稱爲智性的德性的特質如明智、洞察力、辨識力、審愼等等，有許多對行爲也有相當大的影響力。或許也可以採用**心**（heart）和**腦**（head）的區別：①心的特質也許可以界定爲它們的直接發揮伴隨有一種感受或情感，惟獨這些特質才能被稱爲眞正的德性；但是勤奮、省儉、自我克制、保守祕密、堅毅以及其他許多被普遍稱爲德性的值得讚美的能力或習慣，被發揮出來卻毋須那個擁有它們的人的任何直接的情感，而且只是透過它們的作用才爲他所知曉。幸而，在整個這種表面的錯綜複雜中，問題僅僅是單純言辭上的，不可能有任何重要性。一篇道德的、哲學的論文不需要涉及語言的所有這些無常變化，語言的這些無常變化在不同的方言中，在同一種方言的不同的發展階段中，都是相當難以捉摸的。不過大體上，在我看來，儘管我們總是承認存在許多種類不同的德性，然而當我們稱一個人爲**有德性的**或名之爲德性之士時，主要看重的卻是他的社會性的特質，這些特質的確是最可寶貴的。同時確定無疑的是，勇敢、自我克制、節約、勤奮、知性、心靈的高貴等方面的任何顯著的缺點，又會使甚至性情良好的、誠實的人失去這個光榮的稱號。除了用之於諷刺，誰什麼時候會說，這樣一個人具有偉大的德性，卻又是一個十足的蠢蛋呢？

其次，在釐清德性與才能、惡行與缺點之間的界線時，語言將不是十分精確的，這是不足爲奇的；因爲在我們自己內心對它們的評價中並未作出多大的區別。實際上，看來可以肯定，那種對於自我意識到的價值的**情感**，那種發源於一個人對自己行爲和性格的評論的自我滿足感，我認爲，看來可以肯定，這種儘管在所有其他語言中是最共通的，然而在我們的語言中沒有專門名稱的情感，②產生於勇敢和才幹、勤奮和機敏這些才能，一如產生於任何其他卓越的心理特質。另一方面，誰不一想到自己的愚蠢和放蕩就深感羞慚，當記憶無論何時浮現出任何愚蠢或莽撞行爲的往事時而不感到心如錐刺或懊悔？時間抹不去一個人對於自己愚蠢行爲的觀念，或對於懦弱或不明智之舉給自己招致的當眾侮辱的嚴酷的觀念。這些觀念在他孤居獨處的時光依然縈繞不去，抑制他最高昂的思想，甚至向他自己展現一幅所能想像的最可鄙、最醜陋的色彩描繪的自我形象。

難道還有什麼比這樣的過錯、懦弱和卑賤是我們更急於向別人隱藏起來，或更害怕被別人挖苦諷刺暴露出來的嗎？難道虛榮心的主要對象不是我們的勇敢或博學、機趣或教養、雄辯或靈巧、趣味或才能嗎？這些我們都十分注重，如果不是賣弄，加以展示；我們對在這些方面達到出類拔萃，比甚至對在那些實際具有更優越的社會性的德性方面達到出類拔萃，通常表現出更大的雄心。性情溫良和誠實，尤其後者，是如此責無旁貸地要求於我們的，以致儘管任何違背這些義務的例子都是受最嚴厲地責難的，卻沒有任何特別的稱讚用之於這些義務的日常事例，似乎它們已經變成人類社會賴以維持所不可或缺的基礎。因此，在我看來，人們爲何經常那樣慷慨大方地讚美心的特質，卻羞於讚揚腦的才能，其理由正是因爲後面這些應當是更罕見、更卓越的德性，被觀察到是驕傲和自負的更常見的對象，當人們自誇時就招致對這些情感的強烈的猜疑。

很難分辨，你是稱一個人爲惡棍還是稱他爲懦夫，何者更有損於他的名聲，一個行屍走肉般的飯桶或酒鬼是否像一個自私吝嗇的守財奴那樣可惡和可鄙。倘若讓我自己選擇，我會爲了我自己的幸福和享受，寧願有顆友愛和仁慈之心，而不願擁有德摩斯替尼和腓力合而具有的所有其他德性；不過我寧可被世人當作一個賦有廣博天才和大無畏勇氣的人，並由此而期望在某些情況下得到強烈而普遍的讚許和欽敬。一個人在生活中所樹立的形象，在交際中所受到的歡迎，在熟人中所獲得的敬重，所有這些好處都依賴於他的健全理智和判斷力，正如依賴於他的性格的任何其他部分一樣。即使一個人有世界上最善良的意圖，與一切不正義和暴力都毫不沾上邊，但是倘若他的性格和知性達不到中等水準，他也絕不可能使自己受到很高的尊重。

那麼，我們這裡所能爭論的是什麼呢？如果理智和勇敢、自我克制和勤奮、智慧和知識被公認構成**個人價值**的相當大一部分，如果一個擁有這些特質的人與一個根本不具備這些特質的人相比既更滿意於自己，亦更有資格獲得別人的善意、敬重和幫助，簡言之，如果這些才能所產生的**情感**與社會性的德性所產生的**情感**是相似的，那還有什麼理由如此極端地拘泥於**字眼**，或爭論它們是否有資格獲得德性之名呢？固然，你們也可以聲稱，這些才能所產生的讚許情感不但是**低級的**，而且是與正義和人道這些德性所產生的情感有所**不同的**。但是這似乎並不是將它們完全列入不同類別和名稱之下的充足理由。凱撒和加圖的性格，正如薩魯斯特所描繪的，兩者在最嚴格和最限定的意義上都是有德性的，但它們的方式卻是不同的，而且它們所產生的情感也完全不同。一者產生愛，另一者產生敬重；一者是可親的，另一者是可畏的；一者我們希望在朋友身上碰到，另一者我們渴望在自己身上擁有。同樣，自我克制或勤奮或儉省所引起的讚許可能是與讚許社會性的德性有所不同的，但並沒有將它們完全劃歸不同的種類。事實上，我們可以觀察到，這些才能與其他德性相比全都更不會產生同樣讚許的情感。健全理智和天才引起敬重和尊重，機趣和幽默激起愛和好感。③

我相信，大多數人毋須預先思考就會自然地同意這位優雅而明辨的詩人的定義：

德性（因爲單純的性情溫良是愚癡）
就是帶有人道的理智和精神。④

一個人若將其財富揮霍於奢侈的消費、無用的虛榮、不切實際的計畫、放蕩淫逸的享樂或漫無節制的賭博，他有什麼權利要求我們慷慨的幫助或慈善的救濟呢？這些惡行（因爲我們並不忌諱這樣稱呼它們）給沉迷於它們的每一個人帶來無可憐憫的苦難和輕蔑。

阿開烏斯這位賢明的君主，在爲了保護自己而用盡一切合理的防範措施之後，還是落入了奪去他王冠和生命的致命的陷阱。故此，歷史學家說，他是尊重和同情的適當的對象，唯獨他的背叛者才是憎恨和輕蔑的對象。⑤

在內戰爆發時龐培倉皇的逃跑和沒有遠見的疏失，在西塞羅看來是如此臭名昭著的過錯，以致完全敗壞了他與這位偉大人物的友誼。他說：「這就好像一個女人缺乏清潔、正派、或審愼，讓我們覺得令我們感情疏遠。」他不是以哲學家的身分，而是以政治家和老於世故的人的身分與他自己的朋友阿提庫斯談心的時候表達他自己的這種看法的。⑥

但是這同一個西塞羅，當他作爲哲學家而推理時，卻仿效所有古代道德家而相當廣泛地擴展自己對於德性的觀念，將心靈的一切值得讚揚的特質或才能都綜括在這個光榮的名稱之下。這就引向我們提議作出的**第**三個反思，即，古代的道德家，這些最優秀的楷模，並沒有在不同種類的心理才能和缺點之間作出任何實質性的區別，而是將它們在德性和惡行的名稱之下一樣地予以討論，使它們不加分別地變成他們道德推理的對象。西塞羅在其《論義務》（*Offices*）中所解釋的**明智**⑦就是那種引導我們發現眞理、避免謬誤和誤解的睿智。**寬宏大量**、**自我克制**、**正派**在其中也有詳細的探討。由於這位雄辯的道德家遵從對於四種主要德性的通常劃分，因此在他對主題的總體分配中，我們的社會性的義務只占有一個題目。⑧

我們只需瀏覽亞里斯多德《倫理學》的各章標題就會確信，他將勇敢、自我克制、寬宏大量、恢弘大度、謙遜、明智以及一種充滿陽剛的坦蕩像正義和友誼一樣列入德性中。

忍受（to sustain）和**戒絕**（to abstain），亦即，忍耐和節制，在某些古人看來是對整個道德的一種概括性的理解。

愛比克泰德幾乎從不提及人道和同情的情感，除非是爲了讓門徒提防它。**斯多亞派**的德性似乎主要在於心志堅定和知性健全。對於他們，正如對於所羅門和東方道德家，愚蠢和智慧與惡行和德性是兩兩對應的。

大衛說：當你對自己行善時，人們將稱讚你。[9]希臘詩人說：我討厭對自己不聰明的聰明人。[10]

普魯塔克在其哲學中一如在其史學中那樣完全不受各種體系所束縛。他在比較希臘和羅馬名人時將他們的不論何種缺點和才藝都一律公平地對峙起來，不忽略能夠降低或抬高他們性格的任何重要的東西。他的道德論文則包含對於人和作風的同樣自由和自然的指責。

漢尼拔的性格，正如李維所描繪的，[11]被認爲缺乏公正，卻容許他具有許多突出的德性。這位歷史學家說，從沒有一個天才比他更同等地勝任命令和服從這些對立的職責，因此很難確定他究竟是對將軍還是對士兵表現得**更可愛**。哈斯德魯拔最樂意於把任何危險戰役的完成託付給他；士兵們在他的領導下最勇敢和最自信。臨危而不懼、履險而慎行。任何工作都摧不垮他的體魄、征不服他的精神。寒冷炎熱他無動於衷，飲食他只求補充自然的需要，而不是滿足自己奢靡的欲望。工作或休息他不分晝夜。這些偉大的德性被一些重大的罪惡所抵消：慘無人道的殘忍，比**迦太基人**更甚的背信棄義，[12]沒有眞理，沒有信仰，不尊重誓言、許諾和宗教。

亞歷山大六世[13]的性格，按照圭恰迪尼的記載[14]看來頗爲類似，不過公正些而已；這也證明，甚至現代人，當他們自然地講話時，與古代人操著同一種語言。他說，這位教皇身上有著非凡的能力和判斷力，有著令人欽佩的明智、令人驚歎的說服才能和在一切重大事業中令人難以置信的勤奮和敏慧。但是這些德性被其罪惡所無限地壓倒，沒有信仰、沒有宗教、貪得無厭、野心勃勃以及比野蠻人更甚的殘忍。

波里比阿⑮指摘提麥烏斯⑯對阿迦托克勒斯⑰是不公平的，儘管他自己也承認阿迦托克勒斯是所有僭主中最殘忍和最不虔敬的，他說：如果像這位歷史學家所斷言的那樣，他避難於敘拉古，重操陶業和泥燒窯，揮汗苦幹，如果從如此薄弱的開端出發，他在不長的時間裡就控制整個西西里，威逼迦太基城邦，並最終享盡天年和享有至高無上的尊嚴而卒；難道不是必須承認，他是一位奇異而非凡的人物，具備成就事業和行動的偉大才能和能力嗎？因此，他的歷史學家不應當單純記述那些使他聲名狼藉的事情，而也應當記述那些可以增添他的**榮耀**和**光榮**的事情。

總而言之，我們可以看到，古代人在其道德推理中往往將「德性是否可以傳授」⑱這個問題看作相當值得懷疑的，很少重視自願和非自願的區別。他們正當地認為，懦弱、卑賤、輕浮、焦慮、急躁、愚蠢，以及心靈的許多其他特質都可能顯得荒唐和醜陋、可鄙和可惡，儘管它們是不依賴於意志的。我們也不能設想，所有時代的所有人都具有比獲得各種外在美的能力，更大的獲得各種心理美的能力。

這裡，在說明為什麼現代哲學家們在道德探究中往往遵循與古代哲學家們如此不同的一條路線的理由時，就有了我提議作出的**第四**個反思。在較晚近的時代，各種哲學，尤其倫理學，一直是與神學（theology）緊密結合在一起的，其緊密程度比從異教徒中無論何時所觀察到的都大得多；由於神學不允許任何調和，而是使知識的所有分支都服從於它自己的意圖，根本不尊重自然的現象，不尊重心靈的不偏不倚的情感，因而導使推理甚至語言偏離了它們的自然的軌道，並在一些似乎感覺不出什麼差異的對象之間孜孜以求建立各種區別。哲學家們，或者不如說披著哲學家偽裝的神學家們，當站在類似於由獎懲的制裁力所衛護的民法那樣的立場來看待整個道德時，就必然導致他們提出**自願**或**非自願**這個因素作為他們整個學說的基礎。人人都可以在自己所喜愛的意義上使用**術語**，但是同時也必須承認，對於譴責和讚許的**情感**是每天都體驗到的，這些情感的對象超出於意志或選擇的範圍，對這些情感，我們即使不作為道德家，至少作為思辨哲學家也都應當給出某種令人滿意的理論和闡釋。

缺點、過失、惡行、罪惡，這些表達似乎意謂著程度不同的責難和不滿；然而它們在根本上全都相當近乎是同一種。闡明一個將很容易使我們對其他幾個形成正確的看法，因而關照事物本身比關照言辭名稱更重要得多。我們對自身負有一項義務，這是甚至最通俗的道德體系也承認的；考察那項義務，以便弄清它與我們對社會所負有的義務是否具有親緣性，必定具有重要的意義。很可能，對這兩項義務的遵奉所引起的讚許之情具有相似的性質，而且產生於相似的原則，不論我們可能給予這兩個美德何種名稱。

【注釋】

① 亦可譯作「**胸**和**頭**的區別」。兩者分別表示情感能力和知性能力。——譯者注

② 驕傲這個術語通常被解釋爲一種壞的意義；但是這種情感似乎是中性的，既可以是好的也可以是壞的，依照其基礎的好壞和依照與之相伴隨的其他因素而定。法國人表達這種情感用 amour propre 這個術語，但是由於他們也用這同一個術語表達自愛和虛榮心，因而在拉羅什福科（La Rochefoucauld，一六一三—一六八〇年，法國思想家、道德作家。——譯者注）和他們的許多道德作家那裡就出現了巨大的混亂。

③ 愛和敬重幾乎是同一種激情，而且產生於相似的原因。產生這兩者的那些特質一樣地傳達快樂。但是如果這種快樂是嚴肅和莊重的，如果這種快樂的對象是偉大的，並產生強烈的印象，或者如果這種快樂產生任何程度的謙卑和敬畏：在所有這些情形下，這種快樂所產生的激情更恰當地應稱爲敬重，而不是稱爲愛。仁愛與這兩者都相伴隨著，但與愛的聯繫的程度更突出些。輕蔑混合著驕傲、敬重混合著謙卑，前一種混合看來程度更強烈些，其理由對於精確研究過這些激情的人是不難發現的。情感方面的所有這些各種不同的混合和合成和表現構成一個非常令人好奇的思辨主題，不過它們超出於我們當前目的的範圍。在本書的探究中，我們從頭至尾都總是一般地考慮什麼特質是稱讚的對象或什麼特質是責難的對象，而沒有涉及這些特質所激起的情感的所有細微的差異。顯然，凡是受到輕蔑的東西也是令人討厭的，正如凡是受到憎惡的東西一樣；在這裡，我們努力按照對象的最簡單的景象和現象來對待它們。這些科學，即使我們盡我們自己所能採取一切預防措施而將它們由繁瑣的思辨變得清楚明白，將它們降低到每一種能力所能接受的水準，對普通讀者來說也還是太容易顯得抽象深奧。

④《保健的藝術》，卷四。

⑤ Polybius, lib. viii. cap. 2.（波里比阿：《歷史》，卷八，第二章。）

⑥ Lib. ix. epist. 10.（《致阿提庫斯書簡》，卷九，第十簡。）

⑦ Lib. i. cap. 6.（《論義務》，卷一，第六章。）

⑧ 西塞羅下面這段話值得引證，它極其清楚地和明確地適合於我們的目的，亦即任何事情都能被想像出來，而且在一個主要屬於言辭性質的爭論中，它必定因爲這位作者而帶有一種不容置疑的權威。

「Virtus autem, quae est per se ipsa laudabilis, et sine qua nihil laudari potest, tamen habet plures partes, quarum alia est alia ad laudationem aptior. Sunt enim aliae virtutes, quae videntur in moribus hominum, et quadam comitate ac beneficentia positae: aliae quae in ingenii aliqua facultate, aut animi magnitudine ac robore. Nam clementia, justitia, benignitas, fides, fortitudo in periculis communibus, jucunda est auditu in laudationibus. Omnes enim hae virtutes non tam ipsis, qui eas in se habent, quam generi hominum fructuosae putantur. Sapientia et magnitudo animi, qua omnes res humanae tenues et pro nihilo putantur, et in cogitando vis quaedam ingenii, et ipsa eloquentia admirationis habet non minus,jucunditatis minus. Ipsos enim magis videntur, quos laudamus, quam illos, apud quos laudamus, ornare ac tueri: sed tamen in laudenda jungenda sunt etiam haec genera virtutum. Ferunt enim aures hominum, cum illa quae jucunda et grata, tum etiam illa, quae mirabilia sunt in virtute, laudari.」*De orat.* lib. ii. cap. 84.（「可是，那因其自身就可讚揚的、沒有它則沒有任何東西可被讚揚的德性有許多部分，其中各個部分相得益彰就更容易受到讚揚。那些於人類習俗中所發現的德性歸於溫

柔和仁慈之情；那些於天資中所發現的德性歸於某種能力或心靈的寬宏和堅強。因爲聽說溫和、公正、仁慈、忠實、在公共危急時的勇敢是人們樂於讚揚的。事實上，所有這些德性與其說是對那些擁有它們的人自身有益的，不如說是對人類有益的。就人類的一切事務都被看作微不足道的而論，心靈的睿智和寬宏、思維的某種天賦的能力，以及口才的雄辯更多地引起欽敬，很少引起愉悅。事實上，看來我們所讚揚的德性比我們進行讚揚所依據的德性更應該受到讚揚和遵守，但是受到讚揚和遵守的卻是後面這些種類的德性。事實上，人們耳朵聽到的是，一方面德性中令人愉快和滿足的東西受到讚揚，另一方面德性中令人欽敬的東西也受到讚揚。」《論演說家》，卷二，第八四章。）

我設想，如果西塞羅現在還活著，要用狹隘的體系去約束他的道德情感，或勸說他信服除了「人的整個義務」（譯者按：西塞羅《論義務》卷一之一章）所介紹的東西，再沒有別的特質將被承認爲**德性**，或被承認是**個人價值**的一部分，都將被發現是困難的。

⑨ 這句話在《新舊約全書》漢譯本中譯作「你若利己，人必誇獎你。」中國基督教協會，南京，一九八九年。——譯者注

⑩ Μισω σοφιτην οστι ουχ αυτω σοφο. 歐里庇德斯。

⑪ Lib. xxi. cap. 4.（《羅馬史》，卷二十一，第四章。）

⑫ 雙關語。漢尼拔是迦太基人，而「迦太基人」（punic）一詞兼有「背信棄義」之意，故此語猶如說「比背信棄義更背信棄義」。——譯者注

⑬ 亞歷山大六世，Alexander the Sixth，一四三一—一五〇三年，出身於西班牙貴族，一四五六年獲紅衣主教職

務，一四九二年任教皇。在位期間，不斷擴張教皇勢力，肆行賄賂，大搞暗殺；生活荒淫無度。——譯者注

⑭ Lib.i.（《義大利史》，卷一。）

⑮ Lib. xii.（《歷史》，卷十二。）

⑯ 提麥烏斯，Timaeus，約西元前三四五—前二五〇年，古希臘歷史學家，西西里人，因遭阿迦托克勒斯驅逐而移居雅典。主要著作有《歷史》三十八卷。——譯者注

⑰ 阿迦托克勒斯，Agathocles，西元前三六一—前二八九年，西西里人，西元前三四三年遷往敘拉古，前三一七年取得僭主政權，此後對外大肆進行戰爭，不斷擴張勢力範圍，對內則加強建設，保持和平和秩序。——譯者注

⑱ Vid. Plato in Menone, Seneca de otio sap. cap. 31.（參見柏拉圖：《美諾篇》；塞涅卡：《論悠閒》，第三十一章。）賀拉斯亦如是說，Virtutem doctrina paret, naturane donet. Epist. lib. i. ep. 18.（「德性是教育的產物，還是自然的饋贈？」《書簡》，卷一，第十八簡。）Aeschines Socraticus, Dial. I.（蘇格拉底派的埃斯西勒斯，《對話一》。）

一篇對話

我有一位朋友帕拉麥德斯，他在精神上（in his principles）和身體上（in his person）都是一位偉大的漫遊者，透過學習和旅行，幾乎遊遍了智性世界和物質世界的每一個領域。最近，他向我講述的一個民族令我驚奇不已。他告訴我說，他在那個民族度過了人生的相當大一部分時光，覺得那個民族大體上是一個極其文明和智慧的民族。

他說，在這個世界上有一個國家名叫弗爾利，它的經度和緯度無關緊要，它的居民在許多事情上，尤其在道德方面與我們有著恰好相反的思維方式。當我來到他們中間時，我發現我必須忍受雙倍的痛苦，首先要學習他們語言的各種術語的意義，爾後要瞭解這些術語的意思以及它們所附帶的稱讚或譴責。當有人向我解釋一個詞，描述它所表示的性格之後，我推斷這樣一個詞必然是世界上最嚴重的責難；然而我卻極其驚訝地發現，某個人在社交中把它用於一個與他生活在一起、與他有著極其親密的關係和友誼的人身上。一天，我對一個熟人說：「你以為項奎斯是你不共戴天的敵人。我喜歡做息事寧人的和事佬，所以我必須告訴你，我曾聽到他以極其懇切的態度談起你。」但是出乎我的意料，當我原原本本一字不誤複述項奎斯的話後，我發現他將它們當作最不可寬恕的公然侮辱，而我無意之間使這兩人的嫌隙完全無法修復了。

當我來到這個民族時，很幸運有個非常方便的條件，故而隨即就被引薦到最上層的交際圈。當阿爾契克希望我與他同住時，我欣然接受了他的邀請；因為我發現他因為個人價值而受到普遍的敬重，事實上弗爾利國人人都將他視為一個完美的人物。

一天傍晚，作爲消遣，他邀請我跟他作伴去唱小夜曲，他想將它獻給古爾基。他對我說，他完全迷上了古爾基。不久我就發現他的趣味並不是獨一無二的，因爲我們碰見了他的許多競爭對手，他們都爲同一件使命而來。我很自然地推斷他的這位意中人必定是全城最美妙的女子之一，內心已經隱祕泛起衝動，想要見識她、與她結交。但是當月亮初升的時候，我非常驚異地發現我們身處古爾基就讀的大學中；我不禁對陪伴朋友來完成這樣一件使命感到有些羞慚。①

後來我聽說，阿爾契克選擇古爾基是得到全城整個上流社會完全贊同的，他們期望他在滿足自己情欲的同時也會對這個青年履行自己所歸功於埃爾考夫的同一種善行。看來阿爾契克年輕時相當漂亮，爲許多情人②所喜愛，而他把寵愛主要給予了睿智的埃爾考夫；他應當將他在哲學和德性上所取得的驚人進步在很大程度上歸功於埃爾考夫。③

令我感到有些驚訝的是，阿爾契克的妻子（順便說一句，她碰巧也是他的妹妹）對他的這種不忠一點也不憤慨。

約莫與此同時，我發現（因爲他們並沒有試圖對我或對任何人保密）阿爾契克是一個謀殺者和一個弒親者，曾經害死了一個無辜的人，這個人與他有著最親密的關係，是他根據一切自然的和人道的紐帶都有義務加以保護和保衛的。當我以所能想像的謹愼和敬畏問他這樣行動的動機是什麼時，他淡然地回答，他那時的環境並沒有現在這樣舒適，在那個特定的環境中，遵照所有朋友們的意見，他便採取了行動。

聽說阿爾契克的如此備受讚美的德性，我假裝附和於一般的喝彩之聲，只以一個陌生人式的好奇方式打聽，在他的所有高尚的行動中哪一個是受到最高讚揚的；不久我就發現所有人的情感全都統一於優先選擇對烏斯貝克的暗殺。這位烏斯貝克直到生命最後一息都是阿爾契克的密友，他曾把許多重任交給他，甚至在一定場合救過他的性命，並且還立下遺囑，這份遺囑是在謀殺事件發生之後發現的，讓他繼承自己的相當大一部分財產。據說，阿爾契克是與大約二、三十人合謀的，這些人絕大部分也是烏斯貝克的朋友；這個不幸的人尙沒有覺察，他們就一擁而上，將他捅了上百個洞，以此報答他過去的寵愛和恩惠。這個民族的一般的聲音說，烏斯貝克具有許多偉大的和善良的特質，他的惡行也是閃光的、恢弘的和慷慨的；但是在所有價值裁判官的眼中，阿爾契克的這個行動卻使他遠遠超出於烏斯貝克之上，是或許永沐陽光的最高貴的人物之一。

我發現阿爾契克還受到高度讚揚的另一部分品行是，他對與他共同從事某項頗爲重要的計畫或事業的卡利什的態度。卡利什是一個性情暴躁的人，有一天，他痛打阿爾契克一頓，阿爾契克非常忍耐地承受了，等他情緒好轉之後，依然與他保持一如既往的交往；透過這種方法，他使他們共同從事的事業取得了可喜的成果，而由於他的非凡的性情和節制，他自己也獲得了不朽的榮譽。

最近我收到一位弗爾利國朋友的來信，從信中得知，自從我離開以後，阿爾契克由於健康狀況惡化，鎮靜自如地自縊了，死得令舉國上下既痛惜又喝彩。人人都說，如此有德性的和高貴的一生，除了如此高貴的了結，再沒有什麼能作爲更完美的結束了；阿爾契克正如以他直到最後一息都在自誇的所有其他行動那樣，以此證明了一個智慧的人絕不低於大神維茨利。這是弗爾利人的最高神祇的名字。

帕拉麥德斯繼續說，這個民族對於良好舉止和社交活動正如對於道德一樣有著不同尋常的概念。我的朋友阿爾契克曾經爲我舉行一次聚會，舉凡弗爾利國的名流賢達和哲學家全都參加了，我們每個人帶食物與他一道來到聚會所在。我看到他們中有一個人準備的食物比別人差，於是就將我那份與他分享，我帶的碰巧是隻燒嫩雞；而我發現他和其他所有參加聚會的人卻都譏笑我單純。他們告訴我，阿爾契克對這個俱樂部曾經有過非常重大的影響，以至於說服他們共餐；他利用一個計謀來達到這個目的。他看到哪些人準備的食物**最差**，就勸說他們把食物分給大家；其後那些帶有較精美食物的人就不好意思不把自己的食物也分給大家。這被看作一件不同尋常的事情，以致據我所知它從此以後被載入了由弗爾利國最偉大的天才之一所創作的阿爾契克生平故事。

我說，帕拉麥德斯，請問，當你在弗爾利國時，你也學會了那種戲弄朋友的技巧嗎？先是給朋友講些怪誕故事，然後倘若他們相信，便對他們加以嘲笑。他回答說，我向你保證，倘若我想學習這樣一門課程，世界上再也沒有比那裡更合適的地方了。我經常提到的這位朋友從早到晚所做的就沒有別的，只是嘲笑、奚落和挖苦；你幾乎從來分不清他是在取笑還是在說正經話。但是這時你認爲我的故事純屬烏有，我利用或者不如說濫用了一個旅行家的特權。我就說，的確，你只是在取笑而已。如此野蠻和粗野的風俗（manners）不但是與一個如你所說到的文明智慧的民族不相容的，也是與人類本性絕不相容的。它們超出我們在明格列爾人④和圖皮南巴人⑤中所瞭解的一切。

他叫道，當心啊！當心！你沒有意識到你正在褻瀆神明，正在詆毀你特別喜愛的人，希臘人，尤其是雅典人，他們是我一直用這些古怪的名字所影射的。如果你沒有想錯的話，前面這種性格是不會引起驚詫的，這種性格在雅典最優秀的人身上就可以發現，而絲毫不會減弱其性格的光輝。希臘人的愛情，他們的婚姻，⑥和他們對子女的遺棄，不會不直接給你強烈的印象。烏斯貝克之死是凱撒之死的精確翻版。

我打斷他說，所有這一切都是沒有價值的瑣事，你沒有提到烏斯貝克是一個篡位者。

我沒有，他回答說，爲的是免得你發現我所影射的那條線索。但即使加上這個因素，我們也將毫不猶豫地按照我們的道德情感而把布魯圖和凱西烏斯稱爲忘恩負義的背叛者和刺客；儘管你知道，他們或許是整個古典古代的最高的性格，雅典人爲他們塑立了雕像，將他們的雕像放在自己的解放者哈摩迪烏斯和阿里斯托吉通的雕像旁。如果你認爲你所提及的這個因素對赦免這些愛國者極爲關鍵，那麼我將補充你沒有提及的另一個因素，這個因素將同樣加重他們的罪惡。在他們實施那個重大圖謀的前幾天，他們全都起誓忠於凱撒，而在他們發誓永遠維護他的人格的神聖性之時，他們卻用那爲了消滅他而已藏執武器的雙手玷汙了聖壇。⑦

我不需要提醒你關於特米斯托克利、⑧關於他忍耐地對待歐律比亞德斯這位斯巴達人的備受讚美的著名故事，他的這位司令官在一次軍事會議上爲爭論所激怒，掄起手杖向他砸來（同樣的事似乎已曾發生過），這位雅典人說：「打吧！但是要聽我的。」

你是一位非常優秀的學者，不會看不出我最後那個故事中有愛諷刺的蘇格拉底及其雅典俱樂部；你一定會注意到它是從色諾芬那裡完整複製過來的，不過變換姓名而已。⑨我想我已經清楚表明，在雅典人看來是有價值的人，在我們看來可能是亂倫者、殺父、弒母者、刺客、忘恩負義的人、發假誓的人和某種別的可惡得無以名之的東西，更不用說其粗魯和不良作風了。以這種方式生活之後，死亡對其就可能是再合適不過的；他可能以絕望的自殺來結束這種景象，而死時仍滿嘴不乾不淨的褻瀆神明的荒唐的話語。儘管如此，人們還將爲他建立雕像（如果不是聖壇）來紀念他，爲他創作詩歌和演說來頌揚他，偉大的學派將因以他的名字命名而自豪，最遙遠的後代子孫將盲目承續他們的景仰；儘管如果這樣一個人出現在他們中，他們會心懷恐怖和憎惡地予以對待。

我回答說，我可能已經識破你的計謀。你似乎是在以這個話題來取樂；你確實是我平生所知對古人既非常瞭解又不極端欽敬的唯一一個人。但是你現在似乎不是在攻擊他們的哲學、他們的雄辯術或詩學，這些我們之間經常爭論的主題，而似乎是在指責他們的道德，譴責他們對一門科學的無知，在我看來，只有在這門科學中他們未被現代人所超越。幾何學、物理學、天文學、解剖學、植物學、地理學、航海術，在這些領域我們有正當理由聲稱處於優勢；但是我們有什麼可與他們的道德家相抗衡呢？你對事物的描繪是謬誤的。你對不同時代的風俗和習俗沒有寬容的態度。難道你會用英格蘭的習慣法去審判一個古希臘人或一個古羅馬人嗎？聽聽他們用他們自己的準則為他們自己辯護，然後再宣判吧！

如果以一種為當事人所不知的標準去衡量，尤其是如果在渲染某些因素、淡化其他因素時運用技巧和雄辯術，以便最切合你的談話的目的，則任何風俗都不會是純潔或合理的，而可能變成邪惡或荒唐的。所有這些人為的機巧可以很容易就反過來適用於你們。譬如，如果我能告訴雅典人說有某個民族，在那裡，主動的和被動的通姦都是最高的時尚，都受到最高的尊重；在那裡，每個有教養的男人都可以選擇已婚女人（或許是他自己朋友和同胞之妻）作情婦，並根據這些傷風敗俗的一次次征服來評價自己，彷彿他是在**奧林匹克**運動會上一次次贏得拳擊或摔跤勝利似的；在那裡，每個男人也都以對妻子俯首貼耳和為她提供方便而自豪，都以透過允許她出賣色相來交友或獲利而高興，甚至不需要任何這樣的動機就給予她充分自由和放縱的權利：那麼請問，對於這樣一個民族，對於通姦除了併發搶劫和荼毒絕不會提及其罪惡的這些人們，雅典人會懷抱什麼情感？對於這樣一種行為，雅典人是會欽敬其腐化墮落還是會欽敬其卑賤？

如果我還補充說，這同一個民族像雅典人為他們自己的自由而自豪一樣為他們的奴性和依賴性而自豪，他們當中的一個人雖然受到暴君的壓迫、貶黜、壓榨、凌辱，甚或監禁，也仍然會把熱愛他、侍奉他、服從他、甚至為他最微不足道的榮耀或滿意而死，視為至高無上的價值；這些高貴的希臘人或許就會問我，我說的是一個人類的社會還是某個低級的奴性的種族？

在這個時刻，我可以告訴我的雅典聽眾，這些人無論如何是不缺乏氣概和勇敢的。我說，如果一個人，儘管是他們的親密的朋友，在私人圈子裡對他們表露出一種近似於你們的將軍和政客們每天當著全城邦人的面相互逗樂的任何嘲笑的善意的嘲笑，他們可絕不會原諒他；相反，爲了替他們自己洗雪，他們會強迫他立即從他們胯下鑽過或者自殺。而如果一個人，對他們是絕對的陌生人，要求他們冒著自己生命的危險去割斷他們知心朋友的喉嚨，他們就會立即服從，並認爲自己領有這份使命是高度的知遇和榮幸。這些就是他們關於榮譽的準則；這就是他們所鍾愛的道德。

但是儘管對朋友和同胞時刻保持著劍拔弩張，然而恥辱、劣跡、痛苦、貧窮，沒有一樣會使這些人把劍尖轉向他們自己的胸膛。一個有地位的人會恐嚇謾罵、會乞討食物、會憔悴獄中、會忍受各種嚴刑折磨，而仍然保存其骯髒的生命。與其以對死亡的慷慨輕蔑來擺脫敵人，他會寧願不顧廉恥地從敵人那裡接受由耀武揚威的凌辱和最慘烈的痛苦所加劇的同一個死亡。

我繼續說，在這個民族，建立監獄並在其中把折磨拷問囚犯的每一種技藝都仔細加以研究和實踐，也是非常平常的；在這些監獄中，一個父親自願禁閉自己的幾個孩子，以便讓另一個他承認並沒有更大甚或寧可更小價值的孩子能得到自己的全部財富、盡情地尋歡作樂，也是平常的。在他們看來，最有德性的莫過於這種野蠻的偏愛。

我對雅典人說，但是在這個古怪的民族更屬獨一無二的是，你們農神節[10]期間由主人侍奉奴隸的嬉戲，他們一年四季乃至畢生都認眞不輟，而且還伴隨有某些更添其荒誕和滑稽的因素。你們的娛樂只在幾天日子裡提升那些被命運所拋棄的、而在娛樂中命運也可能眞的永遠提升到你們之上的那些人；但是這個民族卻極大地提高那些被大自然命定屈從於他們、其低劣和虛弱是絕對無可救藥的人的地位。女人，儘管沒有德性，卻是他們的主人和君主；他們敬畏、稱讚和推崇她們；他們對她們表示至高無上的敬意和尊重；時時處處，對於女性的優越地位，凡是自認爲有教養和禮貌的無不樂於承認、無不甘心忍受。幾乎沒有任何罪惡會比違反這條規則受到更普遍的憎惡。

帕拉麥德斯回答說，你不必再說下去了，我可以很容易猜出你所針對的民族。你用來描繪他們的筆法相當準確，不過你必須承認，無論古今，幾乎找不出一個其民族性格在總體上更不容易有例外的民族。但是我感謝你幫助我從我的證明中解脫出來。我無意於犧牲古人以抬高今人。我只想表明關於性格的所有這些判斷的不確定性，使你相信風尙、時尙、習俗和法律是一切道德規定的主要基礎。雅典人無疑是一個文明智慧的民族，如果眞有文明智慧的民族的話；然而在他們看來是有價值的人，在現代可能被認爲是恐怖和令人嫌惡的對象。法國人無疑也是一個文明智慧的民族；然而在他們看來是有價值的人，在雅典人看來可能是最高度的輕蔑和嘲笑乃至憎惡的對象。那麼什麼使問題變得較不同尋常的：這兩個民族在民族性格方面在古今任何時期都被認爲是最相似的，當英國人自詡他們與羅馬人相像時，他們在大陸的鄰居則將他們自己與那些講禮貌的希臘人相提並論。因此，在文明的民族與野蠻的民族之間，或者說在民族性格很少共通之處的諸民族之間，在道德情感上必定有多大的差異？我們如何才能自稱爲道德判斷確立一個標準？

我回答說，透過把問題追溯到更高的層次，並考察各個民族對於譴責或責難所確立的首要的原則。萊茵河北流、羅納河南奔，然而兩者發源於同一座山脈，也在相反方向上爲同一條重力原則所驅動。它們奔流於其上的地面的不同傾斜造成它們流程的一切差異。

一個有價值的雅典人和一個有價值的法國人會在多少因素上確定無疑地彼此相像呢？健全理智、知識、機趣、雄辯、人道、忠實、眞實、正義、勇敢、自我克制、堅定不移、心靈的高貴，這些你全都忽略不顧，以便單單堅持他們在其中可能偶爾表現出差異的因素。好吧！就算如此，現在我就按照你的說法，努力根據道德的最普遍的既定的原則來說明這些差異的緣由。

希臘人的愛情，我不想更具體地考察。我只想指出，這些愛情不論是多麼可譴責的，都起源於一個非常純潔的原因，即這個民族中頻繁的體育鍛鍊，並被推崇（儘管荒謬地）爲友誼、同情、相互依戀和忠實，[11]這些在所有民族和所有時代都受到敬重的特質的源泉。

同父異母的兄弟姊妹之間的婚姻似乎不太難說明。近親之間的愛情是違背理性和公共效用的，但是我們將予以止步的那個精確的界限卻絕不是自然理性所能規定的，因此它就是國內法或習俗的一個非常適當的主題。如果說雅典人在一個方面走得稍許有點遠，那麼教會法無疑就是把問題澈底地推向了另一個極端。⑫

如果你問一個雅典父親他爲什麼剝奪他前不久才給予那孩子的那條生命。他就會回答，正因爲我愛他和我把貧困看作一項比死亡更大的惡，他活著必須跟我忍受貧困，而對死亡卻不可能有恐懼、感受怨恨。⑬

如何才能從一個篡位者或暴君手中奪回公共的自由，這一切賜福中最可寶貴的賜福，如果他的權力保護他免遭公共的反抗、而我們的顧忌又使他逃脫私人的復仇的話？你承認他的罪行按照法律乃是死罪；而他把他的罪行加到極端，亦即將他自己凌駕於法律之上，不是必定爲他形成充分的安全保障嗎？你無法作出任何別的回答，只能表明暗殺極爲不便；這一點任何人都能向古人清楚地證明，他已改變了古人在這方面的情感。

再把你的目光轉移到關於現代風俗所描繪的圖畫上；我承認，爲法國人的風流韻事辯護幾乎就像爲希臘人的風流韻事辯護一樣困難重大，只不過前者比後者更自然和更令人愉快一些而已。但是我們的這些鄰居們似乎決心爲了社交的樂趣而犧牲某些家庭的樂趣，寧可要舒適、自由和一種開放的交往而不要一種嚴格的忠實和堅貞。這兩方面的目的都是善的，有幾分難以調和；如果民族習俗有時太傾向於這個方面，有時太傾向於那個方面，我們也不必感到驚訝。

對我們國家的法律懷有不可褻瀆的感情在任何地方都被承認是一種主要德性；而如果這

個民族不幸沒有任何立法機關而只有一個獨夫，在那種情況下，最嚴格的忠誠就是最眞實的愛國主義。

最荒唐和野蠻的想必莫過於決鬥，但是那些爲決鬥辯護的人卻說它產生了禮儀和良好作風。你可以觀察到，一個決鬥者總是根據他的勇氣、他的榮譽感、他的忠實和友誼來評價自己，這些特質在這裡確實受到非常奇怪的指引，但是它們自開天闢地以來一直被普遍地敬重著。

諸神禁止自殺嗎？雅典人認爲，自殺應當是禁止的。上帝（God）允許自殺嗎？法國人認爲，與其痛苦和出醜，寧可死。

於是你可以看出，人們在道德上進行推理所依據的原則總是相同的，雖然他們引出的結論經常是非常不同的。他們在道德上比在任何其他主題上推理更正確，這是任何道德家都沒有義務予以表明的。只要責難或譴責的原始原則是一致的，結論的錯誤可以透過更健全的推理和更廣博的經驗得到糾正，這就足夠了。希臘羅馬滅亡以來雖已經歷了許多時代，宗教、語言、法律和習俗雖已發生了許多變化，但這些變革在道德的基本情感上正如在外在美的基本情感上一樣，沒有一個產生出任何重要的革新。或許可以在這兩者上觀察到某些細微的差異。賀拉斯[14]讚美低腦門、阿那克里翁[15]稱頌連心眉；[16]但古代的阿波羅和維納斯仍是我們關於男性美和女性美的典範，同樣，西庇奧和科奈利亞[17]的性格仍是我們關於英雄的光榮和淑女的榮譽的標準。

看來，從沒有任何特質不是因爲其對一**個人自己有用**，或**對他人有用**，或令**他自己愉快**，**或令他人愉快**，而被任何人稱許爲德性或道德優點的。因爲對於稱讚或讚許我們還能給出什麼別的理由嗎？或者稱許一種性格或行動爲善、又同時承認它**不對於任何東西爲善**，其意義何在呢？因此，道德上的一切差異都可以還原爲這個一般的基礎，都可以透過人們對這些因素所採取的不同觀點來說明。

有時人們對於任何習慣或行動的有用性形成不同的判斷；也有時事物的特別的因素使一種道德特質比其他道德特質更有用並給予它一種特別的優先選擇。

在戰爭和動亂時期，軍事的德性將比和平的德性更受人讚美和欽敬、更吸引人的注意力，這並不令人驚奇。圖利說：[18]「看到辛布里人[19]、凱爾特伊貝利亞人[20]和其他野蠻人可以堅強地忍受戰場上的一切疲勞和危險，而令人憔悴的瘟疫的痛苦和危險卻使他們立刻垂頭喪氣；反之，希臘人可以堅韌地忍受由疾病所武裝的死神的緩緩逼近，而當死神拿著刀劍向他們發動猛烈進攻時卻膽怯地飛身逃遁，是多麼平常啊！」在好戰的民族或愛好和平的民族中甚至勇敢這同一種德性也是如此不同！實際上，我們可以觀察到，由於戰爭與和平之間的差異是一些民族之間和一些公共社會之間所出現的最大的差異，因而它也就引起道德情感的各種最大的變化，使我們關於德性和個人價值的觀念呈現最大的多樣性。

也有時，恢弘大度、心靈的偉大、對奴役的鄙棄、剛毅和正直可能對於一個時代的環境比對於另一個時代的環境更適合，而且對公共的事務和個人自身的安全與發展都有更好的作用。因此，我們的價值觀念也將隨著這些變化而略有變化；同樣一些特質，加圖因之而獲得最高的讚許，拉貝奧㉑或許就因之而受到責難。

一定程度的奢侈在瑞士本地人身上可能具有毀滅性和有害性，只有在法國或英國人身上才促進技藝和鼓勵勤奮。因此，我們不要期望在伯恩有倫敦或巴黎所通行的同樣情感或法律。

不同的習俗正如不同的效用一樣也有某種影響力；它們透過給予心靈一種預先的偏見可以產生一種優先的偏好，或者偏好有用的特質或者偏好令人愉快的特質，或者偏好重視自我的特質或者偏好延伸於社會的特質。道德情感的這四個源泉仍然存續著，但是特定的偶因可以使其中一個在某一時期比在另一時期更豐沛地湧流。

某些民族的習俗將女人完全排斥在一切社交活動之外；另一些民族的習俗卻使她們成為社交和談話的一部分，以致除了在處理事務時，男性被認為單獨幾乎完全不能進行相互交談和娛樂。由於這種差異是私人生活中所能出現的最具實質性的差異，因而它也必定引起我們道德情感的最大的變化。

在世界上所有禁止一夫多妻制的民族中，希臘人在與女性的交往中似乎一直是最保守拘謹的，他們給女性強加了最嚴厲的端莊和正派的法律。對此我們可以在呂西阿斯的演說中㉒找到一個有力的例證。一個寡婦受到傷害，傾家蕩產，走投無路，召集幾個她最親密的朋友和最直系的親屬來協商；這位演說家說，儘管她以前從不習慣於在有男人在的場合說話，但是處境的不幸迫使她不得不把情況當面告訴他們。她在這樣一些人面前開口說話似乎還需要道歉。

當德摩斯替尼對他的監護人提起訴訟，[23]要求他們歸還他所繼承的遺產時，他必須當庭證明，阿芙布斯的妹妹與奧納特的婚姻完全是詐騙婚姻，而且雖然她有這個虛假的婚姻，但自從她與前夫離異以來過去兩年一直是與她兄弟一起住在雅典。值得注意的是，儘管這些人都是這個城邦的首富和名人，這位演說家要證明這個事實卻別無他法，只能透過傳訊她的婢女，和借助一名在她生病期間曾在她兄弟家中爲她診治的醫生的見證。[24]希臘人的作風就是如此保守拘謹。

我們可以確信，作風的極端純潔正是這種保守拘謹的後果。相應地我們發現，除了關於一個海倫和一個克呂泰涅斯特拉的傳說，[25]幾乎沒有一個事例說明希臘歷史上有任何事件發端於女人的私通。反之，在現代，尤其在某個鄰邦，女性參與教會和國家的所有事務和管理；男人誰不注意博得她們歡心，誰就不可能指望獲得成功。亨利三世由於招致女人不快，危及了他的王位，並丟掉了他的性命，完全如同由於他放縱異端。

毋庸諱言，男女之間非常自由的交往和經常在一起生活的後果往往以私通和風流韻事而告終。如果我們非常渴望獲得所有**令人愉快的**特質，我們就必須犧牲某些**有用的**特質，而不能妄圖各種好處都得兼。日漸增加的放縱事例將削弱對於女人的流言蜚語，教導男人逐漸採納拉·封丹關於女人的不忠的著名準則：「如果人們知道它，它就不過是一樁小事；如果人們不知道它，它就是無。」[26]

有些人傾向於認爲，調整女性的**令人愉快的**特質和**有用的**特質之間的所有差異、於其之間保持適當的中庸的最佳方式是，仿效羅馬人和英國人與她們同居（因爲這兩個民族的習俗在這方面似乎是相似的），[27]就是說，沒有風流韻事，[28]沒有嫉妒。根據同樣的理由，西班牙人和義大利人前一時期的習俗（因爲現在已大不相同）必定是任何習俗中最壞的，因爲它既有利於風流韻事又有利於嫉妒。

這些不同的民族習俗不僅會影響女性，它們對於男性的個人價值的觀念也必定至少在交往、談吐和幽默方面有所不同。人們居住得很分散的民族會自然地更稱許明智，與之相反的民族則會自然地更稱許快樂；前者會最敬重作風的簡樸，後者則會最敬重作風的禮貌；前者會以健全理智和判斷力聞名，後者則會以趣味和高雅聞名；前者會讓雄辯的光芒主要閃耀在議會，後者則會讓雄辯的光芒主要閃耀在劇場。

我是說，這些都是這樣的習俗的**自然的**結果。因爲必須承認，機會對民族作風具有重大的影響力，在社會中發生的許多事件都不是根據一般的規則就能說明的。譬如，誰能想像，與女人自由地同居的羅馬人會對音樂十分冷漠並以跳舞爲恥，而除了在自己家裡之外幾乎看不到一個女人的希臘人卻不斷地奏笛、唱歌和跳舞呢？

共和政體自然地產生的道德情感和君主政體自然地產生的道德情感之間的差異，以及全面的富裕和全面的貧窮、全面的團結和全面的分裂、全面的無知和全面的博學所產生的道德情感之間的差異，也是非常明顯的。我將以下面一段話來結束我的這一冗長的議論：不同的習俗和境況並不改變原始價值觀念的任何非常基本的方面（無論它們能夠如何改變某些後果），而主要影響年輕人，因爲他們渴望令人愉快的特質並試圖使人快樂。以這種形式取得成功的**風度**、**修飾**、**魅力**都具有較大的任意性和偶然性；而成年人的價值則幾乎到處都是同一種，主要在於正直、人道、才能、知識以及人類心靈的其他較穩重和有用的特質。

帕拉麥德斯回答說，當你奉守日常生活和日常行爲的準則時，你所堅持的東西可能有某種基礎。經驗和世俗的實踐很容易矯正任何一方面的任何重大的過度。但是你如何看待人爲的生活和作風呢？你如何調和這些**人爲的**生活和作風在不同時代和民族中所賴以爲基礎的準則呢？

我問，你所說的**人爲的**生活和作風是什麼？他回答，我解釋一下。你知道，在古代，宗教對日常生活的影響非常微弱，當人們在神殿裡完成獻祭和祈禱的任務之後，他們便以爲神祇們就任由他們自己而行動，很少對那些只影響人類社會的和平和幸福的德性或惡行感到高興或氣惱。在那些時代，唯獨哲學的任務才是規範人們的日常行爲和舉止；相應地，我們可以觀察到，由於哲學是人們能夠用以使自己出類拔萃的唯一原則，因而它就獲得了對於許多原則的巨大優勢，產生了許多具有重大獨特性的準則和行爲。在哲學已經失去其新穎性的誘惑力的現在，它沒有這樣廣泛的影響力，而似乎主要局限於書齋中的思辨，正如古代宗教局限於神殿裡的獻祭那樣。它的地位現在由現代宗教所取代，現代宗教審查我們的整個行爲舉止，爲我們的行動、爲我們的話語、甚至爲我們的思想和愛好頒定一條普遍的規則，這條規則更加嚴厲如斯，以至於它是由無限的（儘管遙遠的）獎賞和懲罰所衛護的，對它的任何違背都絕不可能隱藏或掩蓋起來。

第歐根尼是過度哲學（extravagant philosophy）的最著名的典範。讓我們在現代找出一個與他相並行的人。我們把這個人與多明我派或羅耀拉派，或者與任何被封爲聖徒的修士或托缽僧相比較，都將不會玷辱任何哲學家之名。讓我們比較第歐根尼和巴斯卡，這位像第歐根尼自己一樣有才幹和天賦的人，而且或許也是一位有德性的人，倘若他允許自己的德性愛好得到發揮和顯露的話。

第歐根尼的行爲的基礎是努力使自己成爲一個盡可能獨立的存在物，把自己的一切需要和欲望以及快樂全都限制在自身之內和心靈之內；巴斯卡的目標則是使自己時刻注目自己永恆的依賴感，絕不忘記自己無數的欠缺和虛弱。那位古人用恢弘大度、炫耀賣弄、驕傲和對於自己高人一等的觀念來支撐自己；這位今人則始終宣稱謙卑和卑賤，聲稱對自己的輕蔑和憎恨，並在可能達到的範圍內努力獲得這些假定的德性。那位希臘人的苦行是爲了讓自己習慣於艱苦，預防那隨時降臨於他的痛苦；這位法國人的苦行則是爲苦行而苦行，以盡可能多地受苦。那位哲學家甚至在公共場合自己放縱於最淫猥的快樂；這位聖徒則甚至在私人場合自己拒絕最純潔的愉快。前者將熱愛朋友、挑剔他們、指責他們、怒斥他們當作自己的義務；後者則努力絕對淡漠自己最親近的親人，而熱愛和頌揚自己的敵人。第歐根尼的機趣的重要對象是各種迷信，亦即他那個時代所已知的各種宗教。靈魂有死是他的標準原則，甚至對神聖的天意他似乎也懷有不敬的情感。最荒唐的迷信則指導巴斯卡的信仰和實踐，與來世相比對今生的極端輕蔑是他的行爲的主要基礎。

這兩個人就這樣鮮明地對立著，然而他們兩人在他們各自不同的時代都受到欽敬，都被推崇爲模仿的榜樣。那麼你所談到的道德的普遍標準何在呢？我們應當爲人類諸多不同的、甚至相反的情感確立何種規則呢？

我說一個在空氣中獲得成功的實驗，在眞空中將不一定獲得成功。當人們脫離日常理性的準則，喜愛這些正如你所稱之的人爲的生活時，沒有人能保證什麼將使他們快樂或者不快。他們的構造不同於其餘的人類，他們的心靈的自然原則不以同一種規律性㉙起作用，似乎任由他們自己不受各種宗教迷信或哲學熱情的幻象的束縛。

【注釋】

① 意即：古爾基不是女子而是男子，阿爾契克是一個同性戀者。——譯者注

② 在同性戀中，年紀較大的示愛者爲「情人」，年紀較小的被愛者爲「愛人」。——譯者注

③ 意即：埃爾考夫將阿爾契克作爲愛人，一方面以他滿足自己的情欲，另一方面也對他在哲學和德性上加以培養；相應地，阿爾契克將古爾基作爲愛人，也應當在滿足他自己情欲的同時，對古爾基在哲學和德性上予以培養。——譯者注

④ 明格列爾人，Mingrelians，高加索庫塔伊斯地區與格魯吉亞人有親緣關係的民族。——譯者注

⑤ 圖皮南巴人，Topinamboues，從亞馬遜河口到聖保羅州南部的巴西海岸的一個絕種的圖皮民族。——譯者注

⑥ 雅典的法律允許男子娶同父異母的姊妹爲妻。梭倫的法律禁止雞姦奴隸，因爲這是一種非常高貴而不適合於這樣低賤的人的行爲。

⑦ Appian, Bell. Civ. lib. iii. Suetonius in vita Caesaris.（阿庇安：《內戰記》，卷三。蘇埃托尼烏斯：《諸凱撒生平》。）

⑧ 特米斯托克利，Themistocles，約西元前五二四—前四六〇年，雅典執政官。——譯者注

⑨ Mem. Soc. lib. iii. sub fine.（《回憶蘇格拉底》，卷三，參見該書末。）

⑩ 希臘人和羅馬人都慶祝農神節或收穫節。見琉善，Epist. Saturn.（《薩圖爾努斯頌》）

⑪ Plat. Symb. p. 182, ex edit. Ser.（柏拉圖：《會飲篇》，第一八二頁，引自 Serranir 版。）

⑫ 見《道德原則研究》，第四章。

⑬ Plut. de amore prolis, sub fine.（普魯塔克：《論對子女的愛》，參見該文末。）

⑭ Epist. lib. i. epist. 7.（《書簡》，卷一，第七簡。）亦見 lib. i. ode 3.（《詩篇》，卷一，第三篇。）

⑮ 阿那克里翁，Anacreon，約西元前五二〇—西元前四八五，古希臘詩人，其詩多歌頌美酒和愛情，傳世的只有一些片斷。——譯者注

⑯ Ode 28.（《詩篇》，第二十八篇。）佩特羅尼烏斯（第八十六章）把這兩個因素都作爲美而結合起來。

⑰ 科奈利亞，Cornelia，約生活於西元前二世紀下半葉，古羅馬貴婦，大西庇奧之女，森普勞尼烏斯·格拉庫

斯之妻。在夫死後，她飽經憂患，獨自撫育子女成材，作爲賢母的典範而受到羅馬人稱頌。——譯者注

⑱ Tusc. Quaest. lib. ii.（《圖斯庫盧姆談話錄》，該書是西塞羅的一部哲學著作，卷二。）

⑲ 辛布里人，Cimbrians，古日爾曼部落一支，來自羅馬作家稱爲辛布里半島（即北歐日德蘭半島）的朱特，曾在西元前二世紀後期給羅馬人帶來恐懼和威脅。——譯者注

⑳ 凱爾特伊貝利亞人，Celtiberians，古代西班牙中東北地區凱爾特部落和伊貝利亞部落的混合民族，西元前二世紀初臣服於羅馬。——譯者注

㉑ 拉貝奧，Labeo，似即大拉貝奧，西元前一世紀人，羅馬法理學家，其子小拉貝奧亦是法理學家。——譯者注

㉒ Orat. 33.（《演說集》，第三十三篇。）

㉓ 這是歷史上非常著名的一宗訴訟案。德摩斯替尼七歲喪父，他父親的兩個侄女阿芙布斯和德謨豐以及一個朋友滕比德斯做他的監護人。三個監護人利用他們的地位肆意揮霍他父親留給他的遺產，並在他成人之後透過各種口實和手段阻撓他予以繼承，致使他不得不透過法律程序尋求公斷。經過歷日曠久的訴訟，他最終贏得了勝利，但財產已被揮霍大半。由於這些訴訟，德摩斯替尼爲後世留下了三篇訴訟演說詞。——譯者注

㉔ In Oneterem.（《訴奧納特》）

㉕ 即帕里斯誘拐海倫引發特洛伊戰爭以及克呂泰涅斯特拉與埃癸斯托斯私通殺死丈夫阿伽門農。——譯者注

㉖ Quand on le sait, c'est peu de chose:

Quand on l'ignore, ce n'est rien.

㉗ 帝國時代的羅馬人似乎比今天的英國人更放縱於私通和風流韻事；有身分的婦女爲了保住她們自己的情人，努力給那些沉迷於嫖妓和與下等人戀愛的人確定一個臭名。她們把他們稱爲 Ancillarioli（追逐女僕的好色之徒）。見塞涅卡 de beneficiis, lib. i. cap. 9.（《論恩惠》，卷一，第九章。）亦參見瑪律替阿（Martial，西元前一〇四—前四三年，諷刺詩人。——譯者注）lib. xii. epig. 58.（《銘辭詩》，卷十二，第五十八篇。）

㉘ 風流韻事在這裡是指戀愛和戀情，而不是指在英國正如在其他任何國家中那樣所獻給女性的相當多的殷勤。

㉙ 「同一種規律性」在這裡不應當是指支配他們這些人的心靈的自然原則的規律性，而應當是指支配其餘人類的心靈的自然原則的規律性。——譯者注

譯後記

本書的翻譯最初是在陳修齋先生的指導下進行的，陳先生並且抱病校改了第一章、第二章和第三章第一節。對於陳先生的指導和教誨，譯者銘感至深，在此無法以言敬，只能聊以此書作爲對他的紀念。

鄧曉芒教授不辭辛勞通校了全書，顏一教授和李秋零教授分別協助譯出了書中的希臘文和拉丁文引文。對於他們的幫助，譯者謹致以衷心的感謝！在全書譯稿加工潤色的過程中，我對他們的校譯重新進行了調整，譯文中一切錯誤和不足完全由我負責。

楊祖陶先生、馮俊教授和王軍風君也爲本書的翻譯提供了慷慨的幫助，在此一併致以深切的謝意！

曾曉平

一九九六年十月

重訂又記

商務印書館擬將此書納入漢譯世界學術名著叢書，乘此機會，我又根據原文對譯文重新校訂了一遍。

這次重訂，除改正個別錯誤和疏漏、糾正一些不太準確的表達外，主要是重新標點和相應於此而對語句略作調整。重新標點的原因是我自己對翻譯的觀念發生了一定的變化。按照我原先的理解，哲學翻譯不僅應當準確傳達原著中的哲學思想，而且應當再現原著的語言風格，尤其對於休謨這樣一位「哲學英語大師」的「最優秀的著作」，這兩個方面更應當一個也不能偏廢。我最初堅持對譯，就是希望盡可能保留原著原有的意義和風格，語義直譯，標點符號基本不作變動，只在文字表達上下工夫。但後來實踐的效果表明，翻譯在這兩個方面很難兼顧，譯文的可讀性較差，需要讀者耐心根據上下文來判斷標點符號（如「；」「：」等）本身的意義。這次重訂只以達意爲目標，文字表達和標點皆依從漢語的習慣。

由於譯者水準有限，譯文中錯誤和不足之處難免，懇請讀者批評指正。

曾曉平

一九九九年九月二十七日

休謨年表（一七一一—一七七六）

年代	生平紀事
一七一一	五月七日出生於蘇格蘭的愛丁堡。
一七一三	休謨三歲，父親過逝，母親扶養三個小孩。
一七二三	進入愛丁堡大學就讀，進而發現自己真正喜愛的是哲學。
一七二九	在哲學方面的研讀成果讓休謨決心「拋開一切尋歡作樂或其他志業，完全奉獻在這個領域上」。有了「思想的新圖像」，構想《人性論》（*A Treatise of Human Nature*）一書。
一七三四	・前往英格蘭的布里斯托經商。 ・將名字由休姆（Home）改為休謨（Hume）。 ・經商失敗後，旅居法國，隱居在拉弗萊什，並著手寫作《人性論》。
一七三七	完成《人性論》一書，並由法國回到英國倫敦。
一七三九	出版《人性論》第一、二卷。
一七四〇	出版《人性論》第三卷。
一七四一	出版《道德與政治論文集》（*Essays, Moral and Political*）的第一部分。

一七四五	申請愛丁堡大學倫理學與精神哲學講座教授被拒後，獲邀擔任安南岱爾侯爵府的家庭教師，並開始撰寫《英國史》（*The History of England*），該書從一七五四至一七六二年分成六冊發行。
一七四七	出版《人類理智研究》（*An Enquiry Concerning Human Understanding*）。
一七五一	・申請格拉斯哥大學邏輯講座教授仍被拒絕。 ・《道德原則研究》（*An Enquiry Concerning the Principles of Morals*）一書出版。
一七五二	・回到愛丁堡擔任蘇格蘭律師公會圖書館管理員。 ・《政治論文集》（*Political Discourses*）一書出版。
一七六一	梵諦岡將其著作列入禁書名單。
一七六三	前往巴黎，擔任英國駐法公使的私人祕書。
一七六九	回到愛丁堡定居。
一七七六	八月因癌症逝世。
一七七九	遺作《自然宗教對話錄》（*Dialogues Concerning Natural Religion*）出版。

主要術語對照表及索引

五畫

六畫

七畫

八畫

九畫

十畫

十一畫

十二畫

十三畫

十四畫

十五畫

十六畫

二十四畫

二十五畫

二十六畫

經典名著文庫054

道德原則研究

An Enquiry Concerning the Principles of Morals

作　　者 —— 休　謨（David Hume）
譯　　者 —— 曾曉平
發 行 人 —— 楊榮川
總 經 理 —— 楊士清
總 編 輯 —— 楊秀麗
文庫策劃 —— 楊榮川
本書主編 —— 黃文瓊
責任編輯 —— 吳雨潔
特約編輯 —— 張碧娟
封面設計 —— 姚孝慈
著者繪像 —— 莊河源
出 版 者 —— 五南圖書出版股份有限公司
地　　址 —— 台北市大安區 106 和平東路二段 339 號 4 樓
電　　話 —— 02-27055066（代表號）
傳　　眞 —— 02-27066100
劃撥帳號 —— 01068953
戶　　名 —— 五南圖書出版股份有限公司
網　　址 —— https://www.wunan.com.tw
電子郵件 —— wunan@wunan.com.tw
法律顧問 —— 林勝安律師
出版日期 —— 2018 年 12 月初版一刷
2024 年 7 月二版一刷
定　　價 —— 390 元

國家圖書館出版品預行編目資料

道德原則研究 / 休謨 (David Hume) 著；曾曉平譯．-- 二版 --
臺北市：五南圖書出版股份有限公司，2024.07
面；公分．—（經典名著文庫 054）
譯自：An Enquiry Concerning the Principles of Morals
ISBN 978-626-366-865-2(平裝)

1.CST：休謨 (Hume, David, 1711-1776)
2.CST：學術思想　3.CST：哲學

144.47　　112020953